APRÈS LES PRUSSIENS

ERNEST PRAROND

APRÈS LES PRUSSIENS

PREMIER APPENDICE

AU JOURNAL D'UN PROVINCIAL PENDANT LA GUERRE

ABBEVILLE

1871-1875

PARIS
E. THORIN
Rue de Médicis, 7

AMIENS
PRÉVOST-ALLO
Rue Delambre, 34

M DCCC LXXVI

APRÈS LES PRUSSIENS

Les pages qui suivent sortent, pour la plupart, de deux petits cartons, le premier renfermant des notes dont l'idée m'a été suscitée par un retour sur le *Journal d'un provincial pendant la guerre*, le second renfermant les feuilles du nouveau journal que j'ai tenu depuis notre libération des Prussiens.

Aucun de mes concitoyens n'a eu à se plaindre du journal déjà publié pour la période de la guerre et de l'occupation ; aucun n'aura à se plaindre des souvenirs consignés pour la période suivante.

Je ne détache cependant aujourd'hui de mes feuillets superposés que certaines corrections ou additions au *Journal de* 1870-1871, et, pour les années plus récentes, que certaines remarques générales suggérées par des faits généraux ou par une observation de la contenance droite ou défaillante des esprits.

Il est du devoir de tout homme de combattre partout où le sort l'a placé. Je n'ai qu'une petite feuille de papier et je n'écris que l'histoire d'une petite ville. Qu'importe? J'emploierai la petite feuille et je m'efforcerai d'être utile à la petite ville.

I

RETOUR

SUR LE JOURNAL D'UN PROVINCIAL PENDANT LA GUERRE.

Préface (p. I). — Dès le mois de juillet 1873, j'écrivais : « Si nous avons pu craindre un instant la marche un peu précipitée, les essais un peu aventureux des impatients, des chasseurs du rêve, nous avons aujourd'hui à compter avec la passion non moins inquiétante d'une foule d'Épiménides, furieux, à leur réveil, des étapes faites depuis quatre-vingts ans et décidés à revenir aux vieilles auberges. »

Et, le 1er novembre 1874, j'ajoutai à ces mots et à quelques autres réflexions : « Je ne change rien à ces lignes écrites sous les impressions qui me dictaient, autour de la même date, quelques-uns des **Vers de 1873**. »

Que de pas, et non en avant, pourrais-je ajouter

aujourd'hui, ont encore été faits depuis le 1er novembre 1874. L'heure n'est pas venue de changer un mot à ma préface.

Préface (pp. I et II) et *7 Décembre* (p. 207).— « Je ne suis qu'un libéral, mais, etc........ et soyez sûrs que vous me retrouverez homme de liberté quand beaucoup d'autres auront abandonné ce titre. » — Hélas ! je ne savais pas si bien prophétiser. Mes remarques générales, — je n'en fais pas d'autres, — m'ont donné raison plus tôt, et plus, que je n'avais prévu.

Préface (p. III). — « Un parti qui ne donnait plus guère signe de vie depuis nos malheurs s'est réveillé, l'injure à la bouche..... »

C'est ce réveil, puis des votes, des candidatures essayant de revenir sur la déchéance confirmée à Bordeaux, le 1er mars 1871, par l'Assemblée nationale, qui ont rendu à quelques-uns de mes scrupules la liberté de publier la seconde partie de cette brochure.

21 Juillet 1870 (p. I). — « On n'a pas eu le temps de comprendre encore la guerre. La comprendra-t-on plus tard? Oui, si certaines ombres qui pèsent sur la pensée se dissipent et si, par la vertu même des événements, une vraie idée française libérale, marchant de l'avant, prévaut enfin sur la personnalité impériale. »

Ainsi, dès le début de la guerre, notre unique espoir était dans la force libérale de la France, cette force, la seule raison de la longue autorité de notre pays sur l'Europe et que d'anciens libéraux négligent, nient, rejettent ou condamnent aujourd'hui, selon le degré de leur conviction ou de leur sincérité sous l'Empire. Et, cependant, cette force est bien celle qui nous vaut encore, par une sorte de reconnaissance, les sympathies des peuples. J'ai eu plus d'une fois le bonheur de le reconnaître au mois d'août de l'année dernière (1874), dans mes stations à Copenhague, à Stockolm, sur les bateaux, dans les chemins de fer.

Sans date (p. 4). — « Peut-être n'a-t-on pas assez économisé le souvenir de Ringois. » Malgré la bonne volonté que montra plus tard la ville, je n'avais pas tort d'écrire cette réserve.

Sans date (p. 5). — « M. Thiers passe pour très-mauvais citoyen chez tous les fonctionnaires..... ; » et (p. 12) : « Un homme est devenu la bête noire des journaux voués à l'autorité..... » Nous avons revu le même phénomène en 1873 chez beaucoup de fonctionnaires nommés ou renommés par le ministère de M. de Broglie et dans quelques journaux dont je n'ai pas à rechercher l'inspiration.

Sans date (p. 6). — « L'intérêt de la France..... est dans la conservation, dans l'extension de la prépondérance morale, politique, de fierté généreuse qu'elle doit perdre, au contraire, si rapidement aux yeux des peuples, depuis son abdication entre des mains qui lui mesurent tout. Cet intérêt est dans l'accroissement de sa valeur philosophique, scientifique et littéraire, qui diminue bien aussi, j'en ai peur, en comparaison de la valeur de même ordre acquise par d'autres peuples, depuis que notre Gouvernement se défie de la science, de la philosophie et des lettres..... »

Eh bien! mais!... les ministres qui se sont succédé depuis le 24 mai 1873, MM. de Fourtou, de Cumont, M. Wallon lui-même, auraient-ils le droit de jeter beaucoup de pierres dans les jardins de leurs prédécesseurs impériaux?

Sans date (p. 7). — « De cette guerre ouverte ou sourde à toute pensée les exemples abondent : à Paris, Renan ; à Lyon, Laprade. »

Hélas! depuis ce temps les ministères qui ont eu plus particulièrement la prétention de sauver l'ordre, ne se sont pas montrés plus cléments. Un d'eux a renchéri sur les mesures du passé, en déplaçant M. Emile Alglave d'une chaire de droit à Douai, parce qu'il était le directeur d'une revue, *la Revue des cours scientifiques et des cours littéraires.*

Sans date (pp. 7 et 8). — L'Idée? Quelle idée pouvons-nous maintenant donner à l'Europe?.... » — Je n'oserais recopier ces lignes. Le cœur me saignerait

à les reproduire, car, par la faute de beaucoup d'hommes, elles sont encore à peu près aussi vraies en novembre 1875 qu'en juillet 1870.

PP. 7-9. — Cinq ans plus tard. Depuis le jour où j'écrivais ces lignes, nous avons vu arriver à l'Assemblée et au pouvoir des hommes en qui nous avions, sous l'Empire, pleine confiance. Désillusion cruelle!... La France perdue, si on persiste à répudier en son nom, pris de force et de ruse, tout ce qu'elle a le plus vivement et généreusement désiré, aura payé cher sa bonne foi, sa confiance, sa crédulité d'une heure aux hommes qui, pendant vingt ans, avaient réclamé le Gouvernement du pays par le pays.

Sans date (p. 10.). — «....... qui pourrait croire que notre glorieux drapeau va émanciper aujourd'hui quelque chose, etc.?.... » — Il ne le pouvait guère alors — (dans l'ordre moral, bien entendu); il ne le pourrait pas, portant dans ses plis l'esprit qui anime l'Assemblée actuelle; mais nous est-il interdit de rêver, d'espérer que son ancienne mission, avouée de nouveau, lui permettra encore de frémir victorieusement sur les hauteurs des Vosges et au delà?

2 Août 1870 (p. 17). — Contre les candidatures officielles à tous les degrés; lettre de M. Calluaud. — Peut-être était-il bon de conserver le souvenir, et le texte, de cette lettre. Qui sait si nous n'en serons pas réduits quelque jour à la reproduire, ainsi que d'autres témoignages de ce temps-là et de ce temps-ci, pour de nouvelles luttes d'honnêteté civile ou politique?

17 Août (Note de la p. 36). — « A compter du jour où l'Empire a croulé, je n'ai plus consigné dans mes notes un mot sur ce régime. » — Le mot, prononcé ou écrit, m'eût semblé de mauvais goût dans l'acquiescement à peu près unanime à la condamnation. La note de la p. 36 me rappelle un fait. Peu de jours après l'épouvantable nouvelle venue de Sedan, je me trouvais dans la grande salle de l'Hôtel-de-Ville avec M. Calluaud qui, lui aussi, se taisait depuis quelques jours sur le régime combattu par lui pendant vingt ans. Il me fit remarquer un buste de l'Empereur déposé sur le plancher et barbouillé d'encre : Voyez donc, me dit-il, ce qu'ils ont fait de ce malheureux. — Nous avions la même pensée de blâme.

27 Août 1870 (p. 44). — « ...... Le sort de Nancy qui s'est rendu à quatre uhlans suivis de cent cinquante hommes. »

L'histoire de France, si ces considérations peuvent nous rassurer pour l'avenir, nous offre quelques actes plus piteux, bien rachetés plus tard. En 1746, quand les Autrichiens entrèrent dans la Provence, quelle fut la conduite des villes de notre Midi? « Le clergé, les notables, les peuples couraient au devant des détachements autrichiens, pour leur offrir des contributions, et être préservés du pillage. « — VOLTAIRE,

Siècle de Louis XV, chap. XIX. — Cinquante ans après, nous faisions bien payer aux Autrichiens cette invasion et celle qu'ils voulaient se permettre de nouveau.

Nous n'avons pas à nous reprocher la facilité des villes de Provence au dix-huitième siècle ; espérons que nous n'attendrons pas le siècle prochain pour nous rembourser sur la Prusse.

4 Septembre (p. 54). — « .... Les opérations de guerre ne parvenaient pas à montrer avec assez d'évidence le pur souci du salut de la patrie, distinct du calcul impérial. » La défiance était bien légitime, ainsi que l'a prouvé depuis la lettre de l'Empereur à sir John Burgoyne.

Remarque à rattacher à la même page. — Il y a, de la part de bon nombre de personnes maintenant, parti pris de passion aveugle et qui fait dévier leur patriotisme, contre les hommes qui ont recueilli, le 4 septembre, la tâche de sauver la France ou du moins ses titres à l'estime des nations. Il ne serait que juste de leur rappeler, si on le pouvait toujours, leurs opinions et leurs propos à la date qu'ils incriminent. Ce qu'il est facile toujours de leur représenter, ce sont les hauts témoignages écrits du sentiment seul écouté à la même heure. Un des membres de l'Académie française dont le caractère n'a jamais subi discussion, le poëte le plus respecté des conservateurs, surtout des conservateurs d'esprit religieux,

M. de Laprade, appréciait en octobre 1870, avec un enthousiasme lyrique, l'initiative de Paris dans la révolution récente :

Notre Athène a, d'un coup, monté plus haut que Sparte
Et lavé son affront ;
Elle a poussé du pied . . . . (1) :
Les dieux lui reviendront.
Républicains, chouans, nous n'avons plus qu'une âme :
Arrière les Césars !
. . . .

M. J. Barbier, voulant montrer l'ordre et l'unanimité de cette révolution du 4 septembre, avait écrit en septembre même :

Un étranger surpris s'arrête,
Et, voyant tant d'émotion,
Demande : « Quelle est cette fête ? . . . »
— C'est une révolution !

C'est un empire qui s'écroule !
C'est toi, liberté, qui reviens !
C'est la vengeance de la foule !
C'est Paris devant les Prussiens !

Et qui sait si, Metz tenant plus longtemps, Paris et l'armée d'Orléans n'eussent pas eu raison des Prussiens?

9 Septembre (p. 65). — M. Blaize, nommé préfet d'Ille-et-Vilaine : « ..... M. Blaize, l'exécuteur testa-

(1) Je ne voudrais pas aller aussi loin que le poëte en reproduisant une épithète de l'hémistiche.

mentaire et l'éditeur, comme personne ne l'ignore, de la correspondance ou des dernières œuvres de Lamennais..... » — J'ai commis dans ces lignes une erreur impardonnable. L'exécuteur testamentaire de M. de Lamennais a été M. E. Forgues, à qui l'on doit la publication de *la Divine Comédie* et des deux plus importants volumes de la *Correspondance* de l'homme illustre. M. Blaize, neveu de Lamennais, n'a publié qu'une dernière partie de la correspondance de son oncle.

13 Septembre (pp. 67-68). — « La nouvelle république serait-elle plus décentralisatrice que les théoriciens monarchiques de la décentralisation ? »

J'estime très-sérieux les dangers du fédéralisme et crois que la liberté peut parfaitement exister avec une centralisation sagement réglée de l'autorité ; je ne reprends ces mots : « théoriciens monarchiques de la centralisation » que pour une remarque. Ces théoriciens ont mal résisté à l'épreuve. Ceux d'entre eux qui furent envoyés à l'Assemblée de 1871 arrivèrent, en effet, à Bordeaux, très-décentralisateurs, très-partisans et partisans animés des libertés municipales. Par exemple : plus de maires nommés par le pouvoir, etc. Mais quand ils virent les élections tourner assez souvent contre eux, ils changèrent du tout au tout, montrant par cette variation que les principes de la liberté sont très-secondaires dans l'ensemble de leurs opinions. N'est-il pas permis, devant ces revirements, de songer aux enfants qui brouillent le jeu quand les dominos ne leur sont pas favorables ?

Tous les conseillers généraux qui formulaient, le 28 septembre 1871, à Amiens, le vœu « qu'invitation fût faite aux conseils municipaux, d'élire, dans le délai le plus bref possible, leurs maire et adjoints, » montreraient-ils le même feu aujourd'hui pour le mode réclamé alors et pour l'honneur tenu directement de l'élection ?

16 Septembre (p. 70). — « Pour moi, qui, sous aucun régime, ne suis la foule chez les fonctionnaires..... » D'ailleurs, si c'est aux fonctionnaires subordonnés à faire les premières visites aux fonctionnaires leurs supérieurs, la règle est ou doit être, — elle a été, — que les fonctionnaires fassent les premières visites aux particuliers.

25 Septembre (p. 82-83-84). — Je suis heureux de retrouver ces pages. J'ai déjà eu occasion de les opposer à quelques personnes qui croient triompher du gouvernement de la Défense en déclarant, avec une bravoure non enviable, qu'on eût dû céder après Sedan et se racheter immédiatement aux dépens de l'Alsace et de la Lorraine.

Ces pages sont à rapprocher de la page 110 et des prétentions exprimées en toutes lettres par M. de Bismarck, et de la page 130 où je retrouve les avis de M. John Lemoine des *Débats* et de M. Guizot, tous les deux concluant vigoureusement à la continuation de la guerre.

27 Septembre (p. 86). — Paroles de M. Calluaud réclamant, pour rester à la tête de la ville, un vote du conseil municipal : « Il y a lieu de penser que les conseils municipaux seront sous peu en possession du droit de porter eux-mêmes des hommes de leur choix à l'honneur de diriger les administrations locales, » etc. — A rapprocher des remarques faites plus haut sous la date du 13 septembre. — Le droit redemandé par les conseillers généraux de la Somme et par M. Calluaud a été rejeté bien loin depuis ce temps.

1er Octobre (p. 95). — « Ces vers du Dante qui eussent été signal de bataille il y a trois mois. » — Il ne serait pas prudent maintenant de jeter ces vers dans toutes les conversations.

8 Octobre (p. 107). — « A l'occasion de ces élections (elles devaient avoir lieu le 16), M. Goblet, procureur général, a adressé aux procureurs de la République une circulaire datée du 22 septembre et contenant des recommandations que tous les régimes devraient s'approprier : « ..... La première règle qu'ils (les fonctionnaires de l'ordre judiciaire) auront à s'imposer, sera de s'abstenir de toute pression ayant pour objet le succès de candidatures favorables au système que représente le Gouvernement actuel.

Mais, si ces magistrats doivent s'interdire scrupuleusement de pareils actes, il n'est pas moins évident qu'ils ne sauraient prêter l'appui de leur autorité à des candidatures contraires sans manquer à leurs devoirs et sans engager gravement leur responsabilité. »

De telles paroles, comme celles prononcées par M. Calluaud dans la séance municipale du 17 septembre, ne sont pas à oublier. La morale politique n'est pas encore tellement établie que des leçons et des exemples aient cessé de lui être utiles.

Ne craignons donc pas d'accumuler les leçons.

La circulaire du procureur-général d'Amiens et les paroles du chef de la municipalité Abbevilloise pourront toujours être, dans le même intérêt de probité, rapprochées des recommandations adressées, en avril 1871, par M. Ernest Picard, Ministre de l'Intérieur, aux Préfets, en vue d'élections prochaines : « L'Assemblée nationale a voulu que les élections se fissent librement et ne pussent, à aucun degré, être considérées comme l'œuvre d'un parti. Le Gouvernement n'a pas d'autre pensée; il vous recommande de veiller à ce que la liberté des élections soit complète; il ne vous impose d'autre devoir que celui d'assurer la pleine exécution de la loi. » J'ajoutais en approuvant cette circulaire au 27 avril (p. 478) : Il est honteux pour notre passé d'avoir à louer ces paroles qui seront désormais celles de tous les Ministres, ou plutôt qui deviendront inutiles et seraient regardées comme injure par les fonctionnaires futurs, respectueux du droit et des plus délicates libertés. — Je suis heureux d'avoir écrit cela alors, car je ne saurais le dire avec une sécurité aussi parfaite aujourd'hui.

15 Octobre (p. 114). — A propos de Saint-Cloud : « ...... Cette œuvre du XVIe siècle où l'histoire avait logé des souvenirs que l'Art, supérieur aux faits, aux crimes, aux rois, était bien forcé de tolérer. »

Ces souvenirs étaient, entre autres, l'assassinat de Henri III et le 18 Brumaire.

Nous rencontrons trop souvent aujourd'hui des hommes ignorants de notre histoire nonagénaire ou de l'histoire de leur famille et dénigrant la Révolution que leurs pères ont servie ou aimée. Les hommes sincères de la Révolution, et les plus honnêtes, n'ont jamais cependant, eux les témoins des souffrances et des fatalités subies, renié cette Révolution. Il suffit, pour s'en convaincre, de chercher ces plus honnêtes dans une *Biographie générale*, les Fauriel, les Daunou, M.-J. de Chénier, d'autres encore heureusement.

Je viens de relire l'*Élégie à Saint-Cloud* de l'ancien président de la Convention et du Conseil des Cinq-Cents. Les vers ne sont pas ceux des *Châtiments*; le poëte interpelle néanmoins Saint-Cloud avec une vigueur qu'il doit à sa sincérité :

A mes yeux éblouis vainement tu présentes
De tes bois toujours verts les masses imposantes,
Tes jardins prolongés qui bordent ces coteaux
Et qui semblent de loin suspendus sur les eaux :

Désormais je n'y vois que la toge avilie
Sous la main du guerrier qu'admira l'Italie.

. . . .

Ah ! de la liberté tu vis le dernier jour.
Dix ans d'efforts pour elle ont produit l'esclavage.
Un Corse a des Français dévoré l'héritage.
Élite des héros au combat moissonnés,
Martyrs avec la gloire à l'échafaud traînés,
Vous tombiez satisfaits dans une autre espérance.
Trop de sang, trop de pleurs ont inondé la France;
De ces pleurs, de ce sang, un homme est héritier!
Aujourd'hui dans un homme un peuple est tout entier!
Etc. . . . .

17 Octobre (p. 115). — Cette lettre du frère de Bazaine n'est-elle pas maintenant la plus sévère condamnation du maréchal?

18 Octobre (p. 117). — « Les Prussiens se sont retirés de Clermont... Lisez : .... se sont retirés *sur* Clermont...

29 Octobre (p. 126). — Certainement cette lettre du Ministre de la guerre est très-fière et paraîtra très-fière dans tous les temps. Je la retrouve avec la satisfaction que tout cœur bien français comprendra.

27 Novembre (p. 154). — « Une dépêche..... arrive dans la soirée. » Cette dépêche était celle-ci :

Amiens, 27 novembre 1870, 5 h. soir.

Préfet à Sous-Préfets Doullens, Abbeville, maires Saint-Valery et maires postes télégraphiques (Somme).

« Aujourd'hui engagements très-sérieux autour d'Amiens, sauf le nord, seul accès possible.

« Toutes les gardes nationales sont invitées à venir concourir à la défense de la ville.
« Rendez-vous sous les murs de la citadelle.
« Apportez vivres. »

28 Novembre (page 157). — Je lis dans une brochure : *Abbeville pendant la guerre de* 1870-1871, *par un officier de la garnison*, p. 20 : « Le 28 (novembre) une patrouille prussienne était signalée à Ailly-le-Haut Clocher...., etc. » — Aucune patrouille prussienne ne vint à Ailly-le-Haut-Clocher le 28 novembre. Le bruit n'avait pour cause, ainsi que je l'ai dit, qu'une confusion entre Ailly-sur-Somme et Ailly-le-Haut-Clocher.

Même page. — Nomination de M. Carpentier au commandement de la place (cette nomination fut approuvée le lendemain ou le surlendemain par le Préfet et par le commandant supérieur de la garde nationale mobilisée de la Somme) :

Le Sous-Préfet de l'arrondissement d'Abbeville:

Considérant que le chef-lieu du département est envahi;
Considérant que l'approche de l'ennemi est imminente, et qu'il y a lieu de concentrer dans une seule main la direction des mesures à prendre ;
En vertu des pouvoirs qui lui sont conférés ;

ARRÊTE :

Article 1er. — M. Carpentier (Charles-Prosper), chef d'escadron d'artillerie en retraite, est nommé commandant de la place d'Abbeville.

Art. 2. — M. Gabriel de Valanglart, lieutenant de la compagnie de pompiers, est détaché provisoirement comme officier d'ordonnance du chef d'escadron commandant la place d'Abbeville.

Abbeville, le 28 novembre 1870.

Le Sous-Préfet,
H. Gavelle.

Vu et approuvé :
Le Préfet,
J. Lardière.

Vu et approuvé :
Le commandant supérieur de la garde nationale mobilisée de la Somme,
J. Babouin.

9 Décembre (p. 209). — « .... J'ai pris grand plaisir, du seuil de ma guérite, à voir sortir les premières fumées des cheminées au-dessus des toits découpés en pointe, etc... » L'historien des rues d'Abbeville croit devoir ajouter que ces toits en pointe n'existent plus (novembre 1875), deux maisons neuves ayant remplacé les maisons de 1870.

. . . . . p. 251. Avant-dernière ligne. Ça été.... lisez : Ç'a été.

31 Décembre (p. 265). — Le mot *forfaiture* ne s'appliquait pas à M. Plancassagne.

Dans une lettre que m'a adressée M. Albert Carette peu de temps après la publication du *Journal d'un provincial*, je trouve la preuve que le mot n'avait pas la direction qu'on lui a supposée. Le 30 décembre, le conseil de guerre composé du commandant de place, des chefs de corps alors en garnison, savoir : un commandant de mobiles du Pas-de-Calais, deux commandants des mobilisés du Nord, un capitaine

commandant deux compagnies de mobilisés de la Somme, enfin de M. Gavelle faisant les fonctions d'intendant militaire, s'était réuni à la Sous-Préfecture. Quatre voix contre deux (celles de MM. Gavelle et Plancassagne), déclarèrent toute défense impossible, vu le manque d'artillerie. L'ajournement proposé par M. Gavelle de la réponse à donner aux Prussiens permit à M. Plancassagne de faire connaître la situation à Lille. La dépêche de Lille envoyée par M. Cosseron de Villenoisy, chef d'état-major général, portait : « Tenez ferme. Faidherbe tient à conserver Abbeville. Livrer cette place serait une forfaiture. Vous envoie artillerie et renforts. »

Il me coûte d'autant moins de faire cette rectification qu'on m'apprend la mort de M. Plancassagne.

La lettre de M. A. Carette renferme quelques autres remarques, dont je pourrai tirer profit dans un second appendice.

5 Janvier (p. 284). — « L'intention de l'administration est de dissoudre les pompiers..... » C'était la répétition d'un bruit qui, peut-être, n'avait plus raison de courir. Voyez au 29 décembre, p. 251.

5 Février (p. 350). — « Amené par l'histoire étudiée du moyen-âge, du XVIe siècle et de ma ville même, à aimer, à respecter les franchises municipales, etc... »

J'aime à revenir sur ces mots. L'esprit public gagnerait certainement à l'adoption générale de ce sentiment que les hommes acceptant de remplacer, dans des commissions dites municipales, leurs concitoyens régulièrement élus pour la gestion des intérêts communaux, ne peuvent être d'honnêtes gens.— Il y a trahison envers les villes dans tout ce qui tend, de la part d'un citoyen, à méconnaître, à tromper l'antique et commun droit des villes. Le péril devant l'ennemi peut seul justifier, et par exception, une sortie des scrupules civiques.

Je ne suis pas fâché de retrouver ces sentiments exprimés par moi le 7 et le 18 décembre 1870.

9 Février (p. 367). — « La liste du comité libéral a passé effectivement. » J'aurai plus tard à écrire une histoire des élections de 1871. Simple remarque aujourd'hui ; le comité libéral, dont beaucoup de membres se croyaient et même étaient sincèrement libéraux, — je puis en parler en ayant fait partie, — s'est appelé quelques mois plus tard *conservateur libéral.* Il soutenait cependant encore un candidat du centre gauche. Quel nom prendra-t-il à la première occasion ?

9 Février (p. 369). — L'officier prussien que j'ai le malheur de loger « admet sans aucune réserve la grande et utile action de notre révolution du dernier siècle sur le monde européen. Je ne suis pas éloigné de croire qu'il regarde l'Allemagne du Nord comme notre continuatrice et, — je tremble en écrivant ces lignes, — qu'il considère notre mission à venir comme bien diminuée. »

Quatre ans plus tard : — Eh bien, non ! le Prussien n'avait pas le droit encore de nous regarder comme finis. Nous sommes, nous redevenons assez forts pour reprendre sagement, sans forfanterie, sans esprit agressif, notre mission du siècle dernier et de ce siècle. Ce ne seront bientôt plus les moyens de nous faire respecter à l'extérieur qui nous manqueront. Puisse l'esprit ne pas nous faire défaut ! Quelle chute pour notre ambition, si la France était remplacée dans le monde par la Prusse, si les signes de l'avenir attendu n'étaient plus attachés à notre drapeau tricolore, mais au drapeau noir et blanc !

12 Février (p. 373). — « . . . . . Une tapisserie imitation des Gobelins, représentant, en pied, l'empereur Napoléon III, a été saisie à Saint-Valery-sur-Somme par les Prussiens. »

Cette tapisserie, d'un bon travail d'ailleurs, a rendu un grand service à Saint-Valery. Les Prussiens voulaient imposer à cette ville une forte contribution et se contentèrent, après longs débats, d'emporter l'effigie de l'Empereur.

Les habitants de Saint-Valery ont reçu depuis du ministère des Beaux-Arts, en dédommagement de la tapisserie enlevée, une toile, *la Mort de Caton d'Utique*.

12 Février (p. 373). — « Ce sera le devoir de

chaque département, de chaque ville ou hameau, de recueillir, pour le juste honneur des familles déjà connues ou des familles obscures, les noms de tous ceux qui sont morts en sauvant à la France ses droits à sa propre estime et à l'estime des autres peuples. »

A ces lignes j'en rattacherai aujourd'hui quelques autres, écrites sous la même préoccupation.

Le livre de la noblesse (démocratique) est encore à faire.

Sous le titre de l'*Impôt du sang* on a dressé l'état des gentilshommes tués ou blessés au service du pays. Pourquoi ne dresserait-on pas un état analogue (et de quelle étendue serait-il !) pour les hommes de toutes les autres conditions qui ont donné ou offert, dans des circonstances plus particulières de sacrifice, leur sang à la France?

Cet état, rémunération posthume, qui tirerait de l'oubli tant de noms de morts, n'interdirait pas les médailles, les décorations, aux vivants.

Autant il faut plaindre les hommes qui, dans l'ordre civil, poursuivent les enharnachements honorifiques, autant doivent être estimées justes et méritées les distinctions visibles pour les services de guerre qui resteraient inconnus du grand public sans l'insigne sautant aux yeux. Dans la vie civile, un homme doit avoir pour décorations ses actes, ses œuvres, qui laisseront trace si une valeur y est attachée ; dans la vie militaire les actes trop nombreux, semblables (les coups de sabre sont toujours les coups de sabre et la constance sous le feu a pour mérite de ne pas varier), s'annuleraient, s'effaceraient sans la constatation matérielle et offerte aux regards.

Le progrès serait plus tard d'amener les militaires à voir leur récompense même dans la notoriété de leurs actes, dans leurs états de service rendus publics et devenus titres glorieux ou honorables de famille.

Le livre de la noblesse démocratique se composerait donc de noms et de mentions de services, c'est-à-dire de listes de tous les citoyens ayant payé plus particulièrement leur dette de sang au pays, de tous les citoyens élevés par leurs compatriotes aux fonctions dont le scrutin dispose, de listes de tous les fondateurs d'industries, d'établissements utiles, de tous les modestes serviteurs ou bienfaiteurs des communes, des instituteurs, etc.

18 Mars (p. 430). — « . . . . demandes toutes *de l'ordre.* » — Le 24 mai 1873 lui-même eut peine plus tard sans doute à satisfaire toutes les soifs de défendre la société.

28 Mars (p. 450). — « On se demande, au point de vue de ces franchises (municipales), quelle défiance a pu avoir Paris d'une Assemblée où siégent tant de théoriciens d'une libérale décentralisation. » Pourrais-je écrire encore ces lignes avec la même sûreté de conscience depuis les démentis que se sont donnés ces théoriciens sur tant de terrains?

P. 485. — « Qui n'a entendu proférer ce principe : L'administration ne doit jamais avoir tort ? » — Hélas ! quand ce principe sera-t-il remplacé par cet autre plus haut : La justice impartiale pour tous ?

5 *Mai.* — Nous avons été battus parce que le monde français en haut (l'Empereur, etc.) ne représentait plus la révolution vraie et parce que le monde d'en bas ne représentait plus peut-être la révolution saine (1).

10 Mai (p. 509). — J'ai, entre les brochures de prose, feuilleté d'abord celle de Michelet :

« La guerre, ce n'est pas moi, c'est la France qui l'a voulu. » Mot de l'Empereur au roi Guillaume, suivant Michelet. — *La France devant l'Europe, p.* 64.

Ce mot de l'Empereur est tout-à-fait dans la nature, mais trop dans la nature : Monsieur, ce n'est pas moi, disent les écoliers.

11 et 12 Mai (pp. 509-513). — Remarque à trois ans de distance. — Les poëtes du siége n'ont jamais douté de la vitalité indomptable de l'esprit français. Ils avaient le droit d'affirmer cette glorieuse confiance. Les bombes, les barbares, même vainqueurs, peuvent ne pas écraser l'esprit, mais une invasion de ruraux guidés par quelques académiciens ?

(1) Je vais reprendre ainsi à leurs dates quelques réflexions écrites dans le loisir de Malines et que j'ai rejetées comme trop générales du manuscrit du *Journal.*

Du 11 au 20 Mai (p. 510 et suivantes). — Remarque pour *la poésie pendant la guerre.* — Le hasard m'a fait ouvrir aujourd'hui, 15 décembre 1875, — le poëme d'Abbon et je suis tombé sur ces vers :

Terribiles inter acies tamen adstitit acta
Parisius ridens media imperterrita tela.

Liber primus bellorum Parisiacæ urbis, vers 203-204.

Cependant, malgré ces terribles armées, Paris se tint debout, riant, inébranlable, au milieu des traits.

Hélas! le Paris de 1871 est resté aussi debout, riant et inébranlable, au milieu des bouches formidables crachant sur lui les bombes, et il a eu, pour ajouter au lustre de sa résistance, des poëtes meilleurs qu'Abbon; mais, moins heureux que le Paris de 886, il a vu sa résistance brisée par la famine. — Les vers d'Abbon n'en peuvent pas moins servir d'épigraphe aux poëmes qui ont glorifié ou glorifieront le siége de 1870-1871.

16 Mai (p. 516). — J'ai parcouru le volume de M. J. Barbier. M. J. Barbier est un homme d'ordre et il est un très-bon patriote. Il doit à son patriotisme de demeurer juste envers M. Gambetta.

Quoi! tu n'as même pas un sabre, et tu te mêles
De jouer au soldat! . . .
Qui donc es-tu? Quel est le nom dont tu t'appelles?. . . —
République?. . . — Malheur à toi si tu chancelles,
O petit avocat!

. . . .

3.

Ces braves gens sur toi, victime expiatoire,
Vengeront leurs écus!
Les écus et les Dieux courtisent la victoire!. . . .
Avec le vieux Caton, moi, je me ferai gloire
D'honorer les vaincus!

Il est sévère pour l'armistice, trop sévère pour cet armistice qui s'imposait alors, mais, dans l'exaspération du malheur, l'excès se comprend :

Et quand on donnerait la Lorraine et l'Alsace,
En serait-on moins gras? Le beau malheur vraiment!
. . . .
Vaincus, faisons la paix! — Qu'en dis-tu, Gambetta (1)?

18 Mai 1871 (p. 518). — Une pensée me poursuit : les Allemands me paraissent une tribu, que dis-je ? des tribus en fédération, de lapins prolifiques et carnassiers, lapins pour procréer, loups pour dévorer.

J'hésite cependant à fixer cette pensée que gêne déjà un remords. Pourquoi injurier ses ennemis ? Ne sommes-nous pas heureux de rencontrer souvent, même à côté d'une épigramme, un mot de justice ou

(1) Le sentiment qui faisait jeter ce cri à M. Barbier résistait chez tous les esprits non bas, même sous les nécessités inexorables et faisait violence à la raison impérieuse. Les nécessités et la raison le refoulaient, ne l'étouffaient pas. Je le retrouve exprimé, la personne de M. Gambatta mise de côté, dans un dialogue *Égoïsme et indifférence* écrit depuis par un autre poëte que j'aime de relations de tous les temps, M. G. Le Vavasseur :

— Faisons la paix ! faisons la paix!
— Sais-tu bien qu'il leur faut l'Alsace et la Lorraine?
Il reste un mot sublime à répondre : Jamais !
— Faisons la paix! Faisons la paix!
— Deux morceaux de ta chair, ô France! — Qu'il les prenne
Et qu'il nous laisse ensuite en repos, aussi bien
Je n'ai là-bas parents ni bien.

de prévenance hors de nos frontières, chez quelques poëtes allemands par exemple, chez Goëthe, chez Heine ?

20 Mai (p. 520). — Metz demeurant aux Prussiens leur deviendra un Gibraltar qui nous tiendra en éveil cinq cents ans s'il le faut.

22 Mai (p. 520). — Sur la convenance qu'il y a de fortifier quelques villes de Picardie et de Normandie.

Un blocus de Paris a permis de couper la France en deux.

Un long blocus de Paris deviendrait impossible, même dans les circonstances les plus désastreuses, si les armées françaises pouvaient toujours se mouvoir librement en arrière de Paris.

N'y aurait-il pas grand intérêt, par conséquent, à relier sûrement, par des chemins de fer et des places fortes, les places actuelles du Nord et les départements de l'Ouest ?

Une armée de la Loire et une armée du Nord pourraient ainsi constamment se donner la main et n'en feraient qu'une au besoin.

4 Juin (p. 528). — *L'Étoile Belge* signale ...... un phénomène moral qui s'est révélé depuis la défaite de l'insurrection, « le fatalisme et la résignation à la mort dont sont possédés les insurgés combattants, etc...... ». — C'est ce phénomène que tout le monde a pu trouver constaté depuis dans les vers d'Hugo :

> . . . . Je dis que la société
> N'est point à l'aise, ayant sur elle ces fantômes ;
> Que leur rire est terrible entre tous les symptômes,
> Et qu'il faut trembler tant qu'on n'aura pu guérir
> Cette facilité sinistre de mourir.

(P. 539). — « Les officiers ...... étaient logés au château alors habité par M. le comte de Cernay......» lisez : ...... par M. le comte de Sercoy.

II

PHARETRA

Vers le milieu de janvier 1870, le bombardement d'Abbeville étant attendu, je logeai, avec beaucoup d'autres paperasses, dans une petite pyramide de briques, de galets et de mortier de Portland, un mince rouleau de vers portant un de ces mots que je charge parfois de résumer pour moi : PHARETRA. Quand je retirai le rouleau de la pyramide, l'Empire était remplacé par une Assemblée souveraine. Au-dessous du mot PHARETRA, biffé, j'écrivis *à brûler* ; mais, quand il s'agit de vers, entre la condamnation au feu et l'exécution, il y a un sursis. Pendant quelque temps encore on fait grâce à la rime et au souvenir.

Ces vers n'étaient plus d'ailleurs en ma seule possession. Je les avais communiqués ou envoyés, tantôt à un ami, tantôt à un autre, désirant donner date aux flèches qui s'amassaient dans le carquois.

Auprès des douleurs de 1871 le regret de jeter au feu le mince carquois et les faibles flèches n'était rien.

Comme je l'ai dit dans le *Journal d'un Provincial*, à compter du jour où l'Empire a croulé je n'ai plus écrit une seule ligne sur ce régime. Mais une grande surprise nous était réservée et j'ai pu déjà la consigner (Novembre 1874) dans la préface du *Journal* publié alors : « A la faveur de quelques expédients de coalition (je visais dans ces mots les manœuvres de M. de Broglie), un parti qui ne donnait plus guère signe de vie depuis nos malheurs s'est réveillé, l'injure à la bouche, et a donné le ton de l'injustice âpre à d'autres partis. »

Un souvenir me revint des vers sauvés du feu. Enfin dernièrement je tombai sur ces mots d'une préface mise hier (Lyon 10 Septembre 1875) en tête d'un volume de poëmes par M. de Laprade « ...... La conspiration bonapartiste s'étale au grand jour avec impudence, en même temps qu'elle poursuit dans l'ombre ses hypocrites menées ...... » Et le poëte invite les poëtes à repousser « le fantôme dans son sépulcre ...... » : j'adoucis la citation.

Je me suis donc cru autorisé par le retour offensif des « hommes de l'empire », comme les appelle M. de Laprade, par le sentiment et par l'exemple du poëte très-respecté pour son caractère, à offrir abri dans ce recueil à quelques rimes qui n'auraient pu faire l'objet d'une publication spéciale.

Je n'ai pas pris la peine de terminer les pièces restées interrompues.

I

A L'ASSEMBLÉE NATIONALE

Dissoute le 2 Décembre 1851 (1).

(Pièce non finie).

Je le sais, je le sais, — des meutes harcelantes
Je m'en vais contre moi soulever les abois.
Quand sous la dent des chiens aux morsures sanglantes
Le cerf tombe à l'étang ou dans le fond des bois,
Les plus petits roquets, qui, saisis d'épouvante,
Dans les taillis prudents se tenant à l'écart,
N'eussent osé toucher à la bête vivante,
Maintenant qu'elle est morte, escortent le brancart ;

(1) J'ai une confession à faire et que rien ne m'oblige à faire. Je la fais pour moi. Le coup d'État, appris en province, me laissa trop froid quelques heures. Il paraît que je partage ce tort avec des hommes honorables, très-libéraux avant et depuis cet événement. Ce n'est pas une excuse. L'exercice interdit de presque tous les droits publics et de quelques droits privés après l'acte de décembre me fit bientôt juger cet acte sous son véritable jour. Sainte-Beuve disait : J'étais pour le 2, je n'étais pas pour le 3. L'opinion juste doit être que le 2 fut plus coupable que le 3, l'affiche plus criminelle que la conséquence : le massacre. La violation première contenait déjà toutes les violations futures.

Les moins braves, alors, joyeux de la curée,
Mordent la bête à bas et jappent le plus haut ;
Lorsqu'ils ont vu le sang sur la lame écurée,
Bien mieux que sur la voie aucun n'est en défaut.

L'Assemblée aujourd'hui c'est le cerf qui succombe.
. . . .

II

ODES ET CANTATES.

Je suis la Muse de l'histoire,
. . . .

L'EMPIRE C'EST LA PAIX, *Cantate de M. Arsène Houssaye, récitée le 23 octobre 1852, par Mademoiselle Rachel, sur le Théâtre-Français.*

Touchez vos lyres sur la foule,
Trafiquants du lyrisme saint ;
Couvrez de fleurs le sang qui coule,
Fermez l'or dont ce front est ceint.
C'est l'empire qui recommence
Et que des valets en démence
Vont acclamer par votre voix ;
Un peuple libre a des Orphées ;
Mais il faut d'autres coryphées
A ceux que courbent des pavois.

Dieu me garde de toute injure
A nos pères Français ou Francs !
Ceux-là dans leur loyauté pure
Faisaient des rois, non des tyrans.
Le plus vaillant ou le plus juste,
De Clovis à Philippe-Auguste,
Grandissait, haussé par leurs mains ;
Sous eux la France la première
Dans un grand nimbe de lumière
Ouvrait au monde des chemins.

Mais cet empereur que vous faites,
Histrion sombre et clandestin,
Nous ramène, au milieu des fêtes,
Au despotisme byzantin.
Écartez ce manteau d'abeilles,
Sous toutes ces paillettes vieilles
Cherchez l'homme du temps nouveau,
Vous trouverez Paléologue,
Et ce sophiste flegmagogue,
Hydre, est éclos d'un soliveau.

Laissez faire, mes bons poëtes,
Cet homme saura vous jeter
Pour tenir vos bouches muettes
Quelques sous, et vous acheter ;
Mais si, par malheur, il se trouve
En vous quelque flamme qui couve

Des indignés ou des moqueurs,
Devinez quelle parodie,
Pour mieux éteindre l'incendie,
Versera de l'eau dans vos cœurs.

Ovide meurt chez les Sarmates,
Cayenne a bien quelque douceur ;
Je laisse le bain d'aromates
De Lucain à son successeur.
Vous aurez les fleurs du martyre,
Mais patience ! votre empire
Pour d'autres portera ses fruits,
Et de ces couronnes tressées
Par vos mains désintéressées
Nos fils recueilleront le prix.

Certes, je comprends qu'on défende
Le pouvoir, mais comme un rempart,
Lorsque autour s'ameute la bande
Des ambitions de hasard,
Lorsque les passions mauvaises
A ses pieds, sur toutes les braises,
Jettent l'huile et le vitriol,
Lorsque enfin, puisqu'il faut le dire,
Dans l'ombre que le feu déchire,
Marchent le meurtre et le viol ;

Il est beau de lever la tête
Alors dans le commun effroi
Et d'opposer à la tempête
Ses bras, sa poitrine et sa foi ;

Mais qui de vous à ces colères
Des grandes vagues populaires
Fit digue avec témérité ?
Le vent est votre conscience,
Et plus haut gronde la licence,
Plus haut vous chantez liberté !

Le vrai poëte est l'honnête homme
Dont l'œil est fixé sur le droit
Et qui, libre, sait ce qu'il nomme
Et ce qu'à l'homme l'homme doit :
Au prince raillé sans décence,
Les égards dus à la puissance
Qui meurt simplement, noblement ;
Au peuple la leçon sévère
Quand ce peuple monte au Calvaire
Pour clouer un juste clément.

Vous n'êtes que des mercenaires,
Non des poëtes ; ramassez
Les récompenses ordinaires
De vos semblables, c'est assez ;
C'est trop même, car le manœuvre
Gagne honnêtement sur son œuvre
Moins que vous sur les lâchetés ;
Et vraiment, si l'on considère
Son lourd travail hebdomadaire,
Vos vers sont bien cher achetés.

Les rois Valois eurent Desportes,
Ronsard, Marot, et dix encor ;
A ces premières splendeurs mortes
Succédèrent nos règnes d'or.
Les rois Bourbons eurent Malherbe,
Corneille, cet esprit superbe,
Molière, ce cœur sans pareil,
Puis vingt autres qui font la gloire
Du nom français et de l'histoire
Où resplendit le roi-soleil ;

Mais le sabre coupe les ailes
Des mots qui volent dans un vers ;
Comme aux oiseaux, aux plus beaux zèles
Il faut l'air libre et des cieux clairs.
Vous fatiguerez de vos hontes,
De vos hymnes à porter promptes
La fourbe au ciel, de faux amour,
Honorius ; soit ; je défie
Cet empereur qu'on déifie
D'avoir un poëte à sa cour.

Je tiens à constater la justesse de la prédiction malgré la faiblesse du pauvre Musset, *le Songe d'Auguste*.

III

A LA PEUR.

O peur, lâche fiévreuse, autrefois inconnue
Chez nos pères, enfants de la France ingénue,
Puis chez leurs fils gardant, bien qu'assouplis un peu,
Les reins fermes et l'œil prompt à lancer du feu,
Tu règnes maintenant, captieuse et rampante,
Comme un lombric impur qui dans les cœurs serpente.
Les sauvages courbés devant les froids boas
T'adorent comme nous, déesse des cœurs bas,
Mais ils savent au moins professer haut leur culte
Et notre hypocrisie, en te servant, t'insulte.
Sois fière, c'est en vain qu'on croit te renier.
Du foyer des vertus tu n'as fait qu'un charnier.
Nul ne connaît encor de sel qui désinfecte
Assez fort pour purger cette sentine abjecte,
Et bien adroit serait l'exploiteur de l'égout
Qui, remuant au fond ces horreurs sans dégoût,
Pourrait en ramener quelque signe de vie.
Sois fière encore, ô peur, et règne sans envie.

IV

A VICTOR HUGO (1).

Aux temps où dans Paris, notre Rome adorée,
Ces temps-là reviendront,
Vous siégiez, bienveillant, à la place honorée,
Presque l'or sur le front,

(1) Je n'ai pas envoyé ces stances au poëte et ne les lui enverrai pas. En tête de vers bons ou faibles à M. Victor Hugo, l'adresse n'est pas à un homme, mais au temps.

Bien que vous n'eussiez point guetté comme un chat-tigre,
Plat, glissant à pas sourd,
Ni posé sur la loi que Tartuffe dénigre
Un pied furtif, puis lourd,

Ni de la liberté, la reine que l'on flatte
Pour la rosser plus tard,
Fait une couturière à coudre l'écarlate
Au dos d'un roi bâtard,

Bien que vous n'eussiez rien de tous ces hauts mérites,
Vous aviez une cour ;
Vous étiez harangué ; les rimes favorites
Vous annonçaient le jour.

Jamais alors, — pourtant votre accueil était large, —
Chez vous je ne montai ;
Plein d'éblouissements, je restais dans la marge
De votre royauté ;

Mais aujourd'hui, doux sort pour toute valetaille,
Un tel poids courbe tout,
Qu'il faut vers vous gravir pour mesurer la taille
D'un homme bien debout.

3 Mai 1859.

V

L'ENTREVUE DES EMPEREURS.

Premier juin, jour brillant, le plus beau que l'année
Aux retours de l'hiver jusqu'ici condamnée

Ait jeté dans les fleurs; jour de tous les éveils,
Des forces, des vertus, des bons, des doux conseils;
Jour aussi courtisan et lâchement en fête ;
O jour je te salue et te plains, moi poëte,
Et, comme l'infamie en toi se mêle au bien,
Je veux être ton chantre et ton historien.

Vois, jour sur nous si pur : la rue est pavoisée ;
Des femmes, les doux cœurs, sont à toute croisée,
Mais la gloire des camps, le tambour, a battu.
Battez, battez, tambours, et sans crêpe étendu,
Ainsi que vous battez au matin des carnages
Ou quand de vos flancs creux vous versez les orages
Sur le droit, la pitié, la parole. Autrefois
Les chefs heureux montaient princes sur un pavois ;
Il leur faut maintenant des tremplins, et vous êtes
La peau de ces tremplins, tambours creux, et vous faites
Rebondir bien plus haut la gloire et les vainqueurs.
Point de crêpe. Bon peuple en joie et hauts les cœurs !

Voici ce qu'on a vu cependant.

La lumière
A lui toujours la même, et, sage et coutumière,
La foule, où se pressait plus d'un groupe payé,
Salua ; l'on me dit même qu'elle a crié.
L'empereur et le tsar, s'approchant, se sourirent
D'un vrai sourire humain, et leurs deux mains se prirent
Dans une vraie étreinte, et nul, parmi tous ceux
Qui miroitaient, portant or et plaques, près d'eux,

Ne saisit, quand les deux empereurs s'embrassèrent,
Un frisson sur leur face ; et les gardes passèrent
Cuirassés, lumineux, en archanges virils,
A cheval, glaive en main, et contre les périls
Donnant à la prudence un air vaillant de fête ;
Mais au-dessus des rangs et plus haut que la tête
Des hommes, des chevaux, des rois, on eût pu voir,
Si les yeux voyaient tout, deux monstres, couple noir,
Jetant l'ombre aux aciers du groupe militaire,
Et chacun d'eux portait une coupe, un cratère
Immense, où fluctuait du sang, montait du sang ;
Et l'une et l'autre coupe avaient un mot au flanc.
L'une criait aux yeux POLOGNE, la seconde
PARIS ; et nul n'eût pu nommer la moins profonde.

Juin 1867.

Je laisse de côté, pour les publier un jour comme petits fragments d'histoire ou pour les détruire, beaucoup d'autres pièces du rouleau.

III

APRÈS LES PRUSSIENS

1871.

21 Juin. — Ce qui suit est un amusement.

Je me suis demandé ce matin, après avoir parcouru la République de Platon, comment ce philosophe aurait su manier un scrutin. Les malveillants pourraient ne pas loger le sage beaucoup au-dessous de certains ministres de l'Empire. Le système de l'appariement matrimonial par le hasard donnerait le secret d'un système analogue et pratiqué de scrutin politique. On le sait, Platon propose, dans sa *République*, l'assortiment par le sort (ces expressions ont l'air d'un jeu ou d'une bataille de mots) des époux et des épouses de la classe guerrière. « . . . . On fera tirer les époux au sort, en ménageant les choses si adroitement, que les sujets inférieurs s'en prennent à la fortune, et non aux magistats, de ce qui leur sera échu. » Quelle succession d'examens, de triages, de boîtes compliquées!

Ibrahim, fils de Méhémet-Ali, devançait, lui, sans plus de brutalité qu'un autre, la méthode du suffrage universel appliqué à l'élévation des princes. Je lis dans un voyage en Orient du comte d'Estourmel : « Partout où il passe (dans son expédition en Syrie), il se fait donner par les principales autorités des déclarations d'où il résulterait qu'il est appelé par les populations, et on nous raconte qu'un muphti qui s'était refusé à réunir son témoignage au *vœu général* vient d'être enlevé et mené à Konia. »

Malices et violences ne font rien qui dure. Quand le droit de vote n'est pas reconnu ou pratiqué, il se fait jour comme il peut. Une révolution, une révolte sont des votes violents; voilà tout.

31 Novembre 1871. — L'inauguration du monument de Schiller à Berlin, le 10 de ce mois, a été complétement anodine. Du poëte de la liberté, nulle mention ; du créateur de Posa, rien. Des inscriptions de caractère doux, des citations dont l'empereur d'Allemagne ne pouvait s'effaroucher. C'est bien. Nous pourrons encore aimer Schiller sans scrupules. Je n'aurai pas à brûler les vers que m'a fait ébaucher sa statue élevée à *Central Park* dans la ville de New-York.

1872.

Paris, 24 Février. — J'apprends qu'un Comité départemental de la Somme s'est formé pour la libération du territoire. Partout s'ouvrent, pour le paiement à l'ennemi, des souscriptions patriotiques. Le Comité de la Somme s'est établi sous le patronage des dames du département. Abbeville n'est pas restée en arrière. Un Comité d'arrondissement se constitue à l'heure qu'il est.

[Ai-je le droit d'écrire que ce Comité m'a fait l'honneur de me nommer son Président? Je me permets de prendre ce droit pour avoir un titre de plus à rendre le témoignage le mieux mérité au zèle de mes bienveillants et actifs collègues, un hommage encore plus juste au grand et efficace appui que prêta à nos efforts le concours, mieux que cela, le patronage des dames de la ville. Dans l'histoire récente d'Abbeville la souscription patriotique de 1872 demande un chapitre que j'écrirai certainement un jour et en tête duquel j'aurai le devoir de rappeler aux regrets le nom respecté de madame d'Émonville.]

20 Avril. — Il faut créer un peuple avide d'apprendre.

Cela sera difficile peut-être et cependant le salut de la France est dans cette tentative.

Pourquoi, dans quelques centaines d'années, bien

entendu, un laboureur n'irait-il pas au labour, un Virgile suspendu au manche de sa charrue? Cela nous paraît un rêve parce que nous sommes en France. Le rêve ne nous paraîtrait-il pas moins irréalisable si nous habitions un de ces pays étrangers, Allemagne, Écosse, Suisse, où l'éducation est plus répandue, plus librement protégée et plus avancée qu'en France?

13 Mai. — Quelle spécialité de fournitures et quelle clientèle à ce *Figaro!* Tous les matins, la clientèle demande à la feuille qui subvient à ses pénuries, et à ses mauvais besoins, sa provision d'esprit de la journée et même sa politique, c'est-à-dire les satisfactions pas toujours braves de ses rancunes.

28 Mai. — Nous rencontrons quelquefois des gens avides de sujétion, d'obéissance, d'anéantissement individuel, titubant de frayeur, ivres de timidité. Ces gens ont le besoin maladif, tremblant, d'être protégés. Quelques-uns demandent un grand sabre. Ils visent particulièrement l'ordre politique ; d'autres ont le besoin tremblant aussi de ne pas penser par eux-mêmes, de ne se déterminer que par autrui, de recevoir un commandement étranger pour leur direction intellectuelle; ils visent plutôt l'ordre moral et religieux.

9 Juin. — Quoique déclament ou écument les passionnés, il n'y a pas, en politique, de *canailles,* sauf exceptions rares et dont aucun parti n'a seul la souillure. Étudiez sans prévention les hommes d'opinions opposées aux vôtres, vous les trouverez bien intentionnés; entrez en eux, vous les reconnaîtrez d'honnêtes gens. Mais, avant de pénétrer dans les consciences, il faut que vous soyez sûrs vous-mêmes d'avoir l'esprit assez dégagé pour voir et comprendre (1).

16 Juin. — Voulez-vous faire un peuple? L'effort tenterait et désespérerait la magie d'Albert-le-Grand. Certains législateurs ont eu cependant pour cette œuvre philosophale des recettes qu'on retrouve dans les formulaires politiques. Je ne hasarde qu'un petit avis. . . préalable.

Fermez d'abord, si tant est qu'il soit permis, pour la guérison commune, de porter atteinte à une liberté, fermez les cercles qui sont la perte épouvantable de la province. — Les cafés, avec les entrées et les sorties continuelles, le mouvement, le monde varié, étaient bien moins dangereux. — Fermez donc ces cercles où s'étiolent, s'abêtissent, dans un whist éternel, des hommes qui devraient étudier, travailler, devenir des instructeurs, des guides, des instigateurs, et où les plus vides de sens vont chercher tous les jours, dans *le Figaro* ou dans *le Gaulois*, leur fonds le plus sérieux; puis, répandez la musique sur les places publiques,

(1) C'est ce que j'ai essayé d'expliquer à la fin d'un chapitre extrait de LA LIGUE A ABBEVILLE : *Les Poëtes historiens, Ronsard et d'Aubigné sous Henri III.*

la science dans de vastes salles d'audition bâties pour elle, disséminez les arts partout.

Je n'ai la prétention de rien inventer dans ce conseil. La musique affine déjà beaucoup de villes d'Europe; elle évoque et fait sourire les siècles sur la place Saint-Marc de Venise, comme elle complète en certains jours les leçons du jardin de Malines. Dans les mêmes villes ou en d'autres, les réunions intellectuelles sont de droit commun. Laissez les conférences libres à propos de tous les sujets. La musique améliore l'intérieur des cerveaux; la science, l'histoire, la poésie garnissent, meublent, ornent cet intérieur plus sensible, mieux disposé, plus net. Appelez et récompensez largement de modernes rhapsodes, de vaillantes déclamatrices, qui réciteront, devant un public, affamé d'art, les plus belles pièces de vos poëtes. Le public de la Commune lui-même vous a donné l'exemple, en écoutant religieusement de beaux vers dans les Tuileries, quelques jours avant les incendies. Ce public goûtait Auguste Barbier, Victor Hugo et d'autres; il applaudissait Mlle Agar. Voudriez-vous rester au-dessous de ce public?

10 Juillet. — Effort de consolation. Toute souffrance est-elle un enfantement ? Le problème est à résoudre à la philosophie. Mais tout enfantement est souffrance. La France souffre. Enfanterait-elle ?

13 Décembre. — Nous ne sommes pas les

maîtres, mais nous sommes nos maîtres. Cette raison devrait suffire à tous les partis pour tolérer le gouvernement sous lequel nous avons cet avantage.

8 Décembre.— Lettre à un député (non expédiée) : « . . . . J'aime à tenir journal de mes impressions. Je veux tâcher de ne jamais oublier ce que j'ai pensé à telle heure, en tel cas, afin de pouvoir plus facilement demeurer juste dans le courant de ma vie. Autrefois j'ai, avec Le Vavasseur, défendu Cavaignac attaqué ; aujourd'hui Thiers assiégé me devient intéressant.

« Certainement, en temps ordinaire, lorsqu'une Assemblée renouvelée périodiquement est sûre de représenter les vœux du pays, sous un régime constitutionnel monarchique surtout, la responsabilité ministérielle est la première des garanties, mais dans notre période de transition, avec une Assemblée nommée pour tant d'objets différents, qui a déjà satisfait à deux ou trois parts de sa mission, et qui, pour le reste, n'est peut-être plus tout-à-fait en accord avec le pays, le *despotisme ministériel* imposé par cette Assemblée au Président sauveur jusqu'ici, cette main mise sur ses volontés de chaque minute, lui rendrait impossible la tâche que le pays lui abandonne encore de plein gré jusqu'à la libération du territoire. Et savez-vous pourquoi le pays désire encore laisser cette tâche aux mains du Président actuel de la République ? Ce n'est pas qu'il croie que la force réelle réside plus en ses mains que dans les vôtres, non, c'est qu'il le croit plus pénétré que vous des nécessités de l'avenir :

Quand un peuple portant l'espérance du monde,
Etc. . . . . (1).

« Ainsi quand mes notes prennent la forme de vers, je les envoie quelquefois ahurir mes amis.

« Les journaux nous apprennent que la guerre s'apaise ou peut s'apaiser ; tant mieux, mais sauvons nos conquêtes de quatre-vingts ans, nos conquêtes de toutes les dates, qu'on pourrait marquer dans notre histoire de ces trois mots ornés de rayons : JUSTICE, DROIT, LOI.

« Que 1872 mérite de s'ajouter à ces dates. »

1873.

13 Février. — Ce soir quelqu'un m'a dit : « Je ne connais plus que deux partis en France, le parti de l'oppression et le parti de l'ordre et de la liberté. »

La distinction peut ne pas être fausse ; il s'agit de s'entendre. Les défiances sont permises d'abord envers ceux qui prononcent *liberté* après *ordre*. En 1830 on disait liberté, ordre public et on était plus près de la formule juste. La *liberté* est un principe. De la liberté bien comprise naîtra toujours nécessairement l'ordre. L'*ordre* est un fait que chacun

(1) VERS DE 1873. Lemerre, 1873.

comprend et veut à sa manière, et la liberté ne naît pas toujours nécessairement de ce fait tel que l'entendent et le désirent bien des gens. Bien des gens aussi crient assez haut ou très-haut même : liberté, mais ne veulent que la liberté qui leur assure la domination. Est-il nécessaire de préciser plus, de nommer les partis ?...

4 Mai. — Dans l'état actuel, c'est M. Thiers qui donne autorité à la République ; il faudra plus tard que ce soit la République qui donne autorité à l'homme qui la représentera.

26 Mai. — L'Assemblée me fournit, avec des insomnies, des vers médiocres :

CHANTS CONTRE COMPLOTS.

La nuit est triste et longue et cependant j'entends,
Quand naît l'aube première,
Une musique, un chœur divers d'oiseaux chantants ;
Et le thème est : lumière.

Ah ! que la lumière entre en mon esprit, tandis
Que des âmes funèbres
En proie au rêve, aux noirs complots des faux Smerdis,
Conçoivent des ténèbres !

26 Mai 1873, trois heures du matin.

Même jour. — A un député : « Vous en faites de belles !..... N'y a-t-il donc plus d'oiseaux dans le parc et dans le bois de Versailles pour chanter aux députés un vrai *salut?* »

1er Juillet. — Mot à un député : « Vous allez bien : Approbations de circulaires véreuses, suppressions de journaux, vengeances réchauffées, persécutions religieuses. — Continuez. »

17 Août. — Le Gouvernement paraît vouloir se servir de l'état de siége oublié mais non levé officiellement dans beaucoup de départements. La Somme elle-même peut encore être en état de siége. J'étonne très-fort aujourd'hui, par cette assertion, un interlocuteur incrédule (1).

3 Octobre. — Un concurrent du général Grant, aux dernières élections présidentielles, M. Greeley, je crois, disait ; La France est la plus agressive et la moins progressive des nations ; il ajoutait une troisième épithète que j'ai oubliée. Nous pouvons craindre qu'il n'y ait une petite partie de vérité dans la seconde moitié du mauvais compliment de cet Américain, mais nous avons le droit de distinguer. Aucune nation ne peut porter à son compte d'honneur plus d'hommes hardis, inventifs, véritablement initiateurs, que la France, mais aussi, peut-être, pas une nation, prise en masse, ne s'est montrée plus

(1) La Somme avait été mise en état de siége par un décret du 8 août 1870. Je ne sais si à Amiens on tenait encore ce décret comme ayant conservé force depuis la paix, mais à Abbeville on ne se doutait même plus qu'il eût existé.

souvent timide et routinière; n'a été affligée de gouvernements plus constamment disposés à comprimer dans l'ordre moral. La révolution du siècle dernier a été un miracle. Il y aurait à dresser un tableau glorieux des hommes d'initiative de France et un tableau très-piteux des mesures imaginées et appliquées par les gouvernements contre ces hommes; des actes inintelligents de la nation timorée ajoutant aux persécutions légales ses injures ou ses pavés. Les études hébraïques, par exemple, ont pris naissance en France; les gouvernements qu'épouvantait toute entreprise de l'esprit ont inquiété, tracassé les savants, et la science s'est réfugiée pendant des siècles à l'étranger. Les exemples de ce genre se multiplient dans notre histoire à nous désespérer. Les inventeurs dans le domaine matériel, dans l'ordre mécanique même, n'ont pas été plus heureux. Frédéric Sauvage trouve la formule de l'adaptation efficace de l'hélice à la navigation; il s'épuise en efforts inouïs pour faire faire l'essai en France, et le premier bateau à hélice sort triomphant des chantiers de l'Angleterre.

20 *Octobre.* — Les pseudo-libéraux. On est tous les jours forcé de le reconnaître davantage, il faut maintenant se défier des faux libéraux qui n'ont crié contre l'Empire, pendant l'Empire, que dans des vues où n'entraient pour rien les aspirations libérales et qui, de mois en mois, depuis février 1871, tournent

plus visiblement contre tout ce qu'ils feignaient alors de désirer avec nous.

8 Octobre. — Je lis dans un journal : « Le préfet de la Somme vient d'interdire la vente sur la voie publique du *Suffrage universel*, qui paraît depuis trois jours à Sens. »

Il se peut que, pour ces sortes d'exécutions, les préfets aient eu la main forcée. Il sera bon néanmoins de recueillir, dans tous les départements, leurs actes.

28 Octobre. — Lettre à un ami légitimiste. (Les circonstances ayant changé avant l'expédition de cette lettre laissée quelques jours interrompue, j'ai simplement envoyé la brochure promise, non les lignes que je retrouve).

« ..... Notre conversation de si bonne foi de part et d'autre m'a occupé depuis deux jours. Je voudrais la compléter pour ce qui me regarde. Il ne faut laisser subsister aucune ombre entre des hommes appelés à s'estimer toujours.

« L'occasion m'est fournie par le petit volume que je vous offre et que j'ai publié il y a deux ou trois mois, afin de me mettre, par certain scrupule, en règle avec moi-même (1). La petite œuvre vient à point pour m'aider aux explications avec les personnes dont le jugement m'importe. Je n'ai pu toucher (comme la poésie peut toucher), en quelques-unes de mes trente

(1) Les vers de 1873.

et une pages, toutes les questions qui nous font la vie inquiète maintenant. Je vais m'interroger et me développer en causant avec vous.

« Je pense, et je crois penser toujours, que monarchie ou république, aucun gouvernement ne conviendra à la France présente et à venir sans se renfermer dans certaines conditions que la raison des temps a posées, c'est-à-dire :

« S'il ne consent pas à reconnaître au-dessus de lui le droit primordial de la nation (1) ;

« S'il n'assure pas à chacun la liberté et la sécurité de sa personne (personne et biens, il serait oiseux et banal de le dire), la liberté et la sécurité de sa pensée, de sa parole, le droit d'écrire, de publier en toutes matières politiques, philosophiques, religieuses, le droit absolu de recherche dans toutes les voies de l'esprit, le droit d'adorer ou de ne pas adorer avec ou sans ministres, autrement dit la liberté des cultes, et, pour prévenir toute équivoque, je dois expliquer par cette liberté non la liberté intime de conscience qui est à peu près définitivement acquise, je l'espère, et qui ne court plus de très-grands dangers, mais la liberté des cultes que nous n'avons pas encore puisque la loi ne reconnaît avec (et peut-être après) le culte catholique romain que les cultes calviniste, luthérien et israélite, et permet, par conséquent, d'opposer à

(1) Les Anglais dont l'exemple n'est récusé par personne vivent sous la *grande charte* imposée au XIIIe siècle au roi Jean qu'ils ont détrôné ensuite et sur la Révolution de 1688 qu'ils n'ont jamais songé à renier.

l'établissement des autres, de la mauvaise volonté, des obstacles, une négation même ;

« Enfin, si la nation, dans la supposition d'une monarchie, ne reste pas supérieure au prince dans la confection de sa loi fondamentale, comme cela a eu lieu en Angleterre à deux ou trois dates, chez nous lors de la Révolution et en 1830, et chez les autres nations en ce siècle (Suède, Belgique, Grèce, Espagne), le dernier mot devant toujours rester au pays en cas de conflit entre les délégués de la nation et le prince ;

« Etc.

« L'Empire me paraissait, par un escamotage originaire et par l'autorité trop grande prise par l'empereur, blesser quelques-uns de ces principes ou de ces besoins. L'avenir quelconque qui nous attend ne doit pas offrir moins de garanties que l'Empire.

. . . .

« Voilà une bien longue lettre à l'occasion de pages bien courtes, mais je désire aller au-devant de tous les malentendus entre moi et les personnes dont la considération a du prix. Les circonstances sont les plus graves que nous ayons traversées depuis longtemps, et, même lorsqu'on vit renfermé au milieu de ses livres, on peut aimer à montrer que la pensée qu'on écoute en soi, née de vieilles réflexions, n'est pas la fantaisie d'un quart-d'heure.

« . . . . »

26 Octobre. — Fragment de lettre :

«.... Aimons l'avenir, ne nous défions pas plus qu'il

ne faut et ne demandons pas trop souvent aide au passé caduc. N'est-ce pas triste de voir un peuple qui se comporte encore bien sur les champs de bataille, comme nous l'avons prouvé dernièrement, se laisser gouverner dans ses affaires intérieures par la première peur qu'on lui jette dans l'âme? »

29 Octobre. — Ayons quelque confiance en la dignité contemporaine. Rien ne sera perdu tant que les fonctionnaires nouveaux renieront les exemples de leurs aînés faméliques ; tant que, renonçant à chercher comme leurs prédécesseurs de l'Empire des dots de sous-préfectures en sous-préfectures, des fauteuils de Sénat (1) de préfectures en préfectures, ils auront pudeur des services bas et enverront leur démission au Ministre qui leur proposerait de se commettre dans les choix, dans le droit sacré des électeurs.

1er Novembre. — Les journaux qui paraissent à Paris à cinq heures du soir nous apportent ce matin la lettre du comte de Chambord publiée par l'Union et adressée de Salzbourg le 27 Octobre à M. Chenelong (2).

12 Novembre. — ..... Ces gens qui ont toujours à

(1) Le 29 octobre 1873 on ne savait pas encore que les nouveaux fauteuils seraient donnés par l'élection et que les émoluments réduits — de cela on se doutait bien cependant — les rendraient moins enviables.

(2) Cette lettre devait mettre fin aux projets de restauration. — Peut-être d'autres journaux paraissant à Paris le matin et arrivant à Abbeville à midi avaient-ils apporté cette lettre hier 31 Octobre ; je ne puis plus vérifier. La lettre est bien faite et noble.

la bouche les mots *communards*, *incendies*, *meurtre des otages*, noms et actes affreux en effet, ne se souviennent-ils jamais des fusillades de décembre 1851 le long des boulevards parisiens, de la transportation ou de l'exil des hommes les plus honnêtes et portant les plus hauts noms de France dans la politique, dans les lettres, dans l'armée ?

17 Novembre. — Un de mes amis, député, m'a envoyé ce quatrain après la lecture des VERS DE 1873 :

D'Aristide et de Thie ~ faisons la différence,
Si tu veux rapprocher Athènes de la France ;
D'Aristide le bien public fut le fanal,
En fait de *Bien public* Thiers n'a que son journal.

Je crois devoir répondre à cet ami :

Paris, 17 Novembre, soir. (1).

A ..... pour ses collègues de l'Assemblée nationale.

Thiers n'est rien, rien que roi ; les princes ne sont rien ;
Le prince impérial n'est rien. Tout c'est la France.
Vous qui fûtes, ses fils, un jour son espérance,
N'aimez qu'elle. Sauvez la liberté son bien.

11 Décembre. — La France n'a été vaincue que parce qu'elle s'est manquée momentanément à elle-

(1) L'Assemblée nationale avait commencé à discuter ce jour là le projet de la prorogation des pouvoirs du Maréchal Mac-Mahon, c'est-à-dire implicitement, pouvait-on croire, la question de la forme définitive du gouvernement. Il devait y avoir une reprise de la séance à cinq heures du soir et probablement discussion de nuit. Le public était inquiet et fiévreux.

même et a, par cet oubli, manqué à sa mission. Puisse-t-elle en se retrouvant, en redevenant fidèle à elle-même, ne pas laisser passer à un autre peuple ses grands droits et ses beaux devoirs d'initiative !

Cesserait-elle de remplir ces devoirs, un motif de consolation nous resterait cependant. Elle aurait toujours été l'INITIATRICE. Le christianisme, sorti de la Judée et oublié en Judée, a fait le tour du monde ; la révolution, sortie de France et tenue en suspicion par les Français, achèvera la conquête de la terre.

17 Décembre. — L'assemblée qui nous gouverne fera figure extraordinaire au milieu de ce siècle.

L'ASSEMBLÉE NATIONALE.

Taquinerie à un député trop conservateur.

> « D'où vient qu'aujourd'hui nous n'avons pas de grands écrivains ? Qu'il n'y a pas de grands poëtes ?.... »
>
> DISCOURS *de M. de Gavardie sur le budget des Beaux-Arts,* 15 *décembre* 1873.

Elle est jugée enfin cette Chambre sortie
Du . . . . (1)
Le temps a ruiné son masque de carton.
Delenda Carthago nomme aux siècles Caton ;
Elle a l'entêtement du vieux censeur de Rome
Et vote obstinément contre Dieu, contre l'homme ;

(1) Le vers n'était pas très-méchant. Je le réserve cependant, ne sachant s'il est absolument convenable en dehors de la taquinerie.

Contre Dieu qui commande à l'esprit de souffler,
Contre l'homme qui veut penser, qui veut parler,
Qui veut, las de mourir dans la formule morte,
Faire vivre au dehors ce qu'en son âme il porte,
La justice, la loi du futur genre humain,
Qui veut un bulletin libre en sa libre main
Et ne veut pour couronne au-dessus de sa tête
Que l'air des cieux. Hélas ! quels signes ! la conquête
De ces quatre-vingts ans remise en question !
O Vapeur, cette Chambre en est au postillon,
Au coche, au sacre, à Reims, au Roi sans Lavallière,
A la charte, au Nain jaune. Arouet et Molière
Damnés ; quant à Paris, delenda Carthago ;
Trait final, Gavardie ose toiser Hugo.

17 Décembre 1873.

18 Décembre. — L'Américain n'avait peut-être pas tort. La France s'imagine parfois qu'elle vole, mais, le plus souvent, elle a peur même de marcher. Si, un jour d'examen de conscience, elle voulait se donner un blason emblématique, ne pourrait-elle mettre sur son écu une tortue à tête d'alouette ?

19 Décembre. — Le gouvernement de M. Thiers restera néanmoins une date pour l'esprit français. Aucun homme n'aura mieux rappelé en France l'administration de Périclès que M. Thiers lui-même gagnant chaque jour, par sa parole devant l'Assemblée, la cause de la journée, comme l'orateur d'Athènes gagnait, chaque jour, celle du jour au Pnyx.

Puis ce gouvernement, vu de près, n'avait rien de rogue ni de gourmé. Tout, au contraire, à la Préfecture de Versailles devenue le palais de la Présidence, disait bonne humeur, rondeur fine, intelligence, savoir, et Louis XIV lui-même, dans le grand palais à côté, n'avait été qu'un barbare pour le jugement des œuvres d'art, le goût et l'appréciation des choses de l'esprit, la critique philosophique et la science de l'histoire, auprès de son successeur parlementaire de la Préfecture.

. . *Décembre.* — Lecture d'un compte-rendu de l'Assemblée nationale.

RÉCLAMATIONS IMPÉRIALES.

Ah! nous avons perdu deux provinces; le fleuve
Se lamente, le champ gémit, la ville est veuve ;
Notre veine est la gorge ouverte des troupeaux,
Et l'on a pu livrer nos armes, nos drapeaux.
Mais qu'importent le sang, les drapeaux et les armes?
Console-toi, Lorraine; Alsace, plus de larmes.
Ayons un peu de goût, pour Dieu! Magne et Rouher
Ont mis le dernier compte en équilibre hier;
Et c'est clair, nous devons, toutes plaintes pesées,
Deux millions huit cent mille francs, des musées,
Des armes (bagatelle) et des objets chinois,
A la succession de Napoléon trois.

Décembre 1873.

. . *Décembre.* — Il y a certainement d'autres bons gouvernements que la République. Les mots République, républicains, sont de grands et beaux mots; ils ne sont pas cependant les seuls respectables au monde. Les hommes d'esprit juste et modéré se sentent blessés néanmoins lorsqu'ils les entendent injurier. Ces mots République, républicains, sont aujourd'hui infailliblement remplacés, dans certaines bouches de province et quelquefois de Paris, par les mots commune, démagogie, radicaillerie, rouges, radicaux, communeux ou communards, pétroleurs. On entend même ces mots dans la bouche des fonctionnaires. Je n'ai pas de faible exagéré pour la République, mais je suis de ceux que la mauvaise foi révolte.

. . *Décembre.* — Combien de temps cette Assemblée qui s'est déclarée constituante nous traînera-t-elle sans constitution ?

Quand les pêcheurs, m'a-t-on dit, ont senti mordre un gros poisson qui pourrait briser leur ligne, ils le promènent longtemps dans l'eau, ils le fatiguent avant de l'amener au bord. Leur main exercée devine l'instant psychologique où le poisson épuisé n'a plus la force ou l'idée de se délivrer par un mouvement brusque.

L'Assemblée de Versailles ne semble-t-elle pas vouloir expérimenter sur la France la manœuvre qui n'en est plus aux preuves, appliquée aux saumons?

1874

30 Janvier. — La vente sur la voie publique est interdite à de nouveaux journaux en vertu de l'état de siége.

Que cette Assemblée se décide donc à faire une loi sur la presse, s'il en faut une, mais que l'on rentre au plus tôt dans le droit ordinaire; que l'on y rentre pour les réunions, les conférences publiques, pour tout. Il y a grand danger pour la tenue morale à habituer ainsi un peuple à vivre sous des mesures d'exception. Comment ce peuple prendra-t-il confiance en lui-même et en ses lois ordinaires si vous ne lui montrez la sécurité et la justice que dans des appréciations et des décisions discrétionnaires?

5 Février. — Les choses en sont venues à ce point que certains faux conservateurs nous feraient envier le titre qu'il prodiguent. *Radical* ne serait pas plus déshonorant que *gueux*, nom que relevèrent si bien les gentilshommes de Hollande en 1566.

Les bas accusateurs du 4 Septembre. — Depuis quelque temps c'est le général Trochu qui est la cible des antipathies. Tous les honnêtes gens doivent se tenir en garde contre ces partis pris.

Ce que j'écris là, m'exposant à être classé dans les naïfs, fera sourire les nombreuses personnes atteintes de la lourde passion envenimée ou peureuse d'aujourd'hui, mais l'opinion dont j'ébauche l'expression sera la seule permise dans vingt ans.

Dirigeons-nous vers le généreux, nous ne nous tromperons pas.

23 *Février*.— Un spectacle plus attristant que tous les autres est celui de ces hommes qui se sont présentés comme libéraux aux électeurs, qui peut-être se déclarent encore libéraux et qui, dans toutes les circonstances, ont voté contre toutes les mesures libérales, ont cherché à faire échec à tous les projets libéraux.

8 Mars. — La manie d'administrer et de juger est une de nos maladies nationales le plus solidement chroniques.

Qu'un poëte, un romancier illustre, Hugo, Mme Sand, Flaubert, Banville, fasse à un théâtre l'honneur de lui présenter une pièce, y a-t-il si petit petit ministre de l'Intérieur qui ne se croie le droit de juger ou de faire juger l'œuvre avant le public, c'est-à-dire le droit effroyable d'accorder ou d'interdire à cette œuvre le lever du rideau? Chez un vrai peuple, une telle prétention administrative ne saurait naître, ne serait pas comprise. Est-ce que, à Athènes, les archontes avaient cette audace qui passe toutes les autres, de se substituer au public dans le jugement des choses de l'esprit? Tous les poëtes concurrents étaient admis à la grande épreuve. Le soleil brillait sur le théâtre de Bacchus impartialement pour tous, et au peuple seul appartenait le droit de déclarer la pièce mauvaise ou immorale. Mais Paris est encore bien loin d'Athènes. Au moins ce n'est pas nous, les suspects à quelques égards, qu'on accusera de chercher à maintenir la distance.

19 Avril. — Je suis parfois très-rassuré parce que je sais bien que l'ordre établi dans ce monde semble se moquer des intentions des hommes et fait très-souvent, et par la nécessité de la loi, sortir la liberté des expérimentations tyranniques, la tyrannie des exagérations démagogiques, la sagesse de la déraison, la justice des persécutions, etc. Mais il y a des temps difficiles et surtout ennuyeux.

26 Avril. — Des gens *bien pensants* finissent par vous en vouloir et vous injurier, et vous classer parmi les gens dangereux, mal élevés, les bêtes galeuses, parce que vous ne voulez pas descendre à partager leurs préventions, leur étroitesse, leurs méchancetés.

2 Mai. — Serait-ce donc comme un triste signe du caractère de notre race que le *væ victis* est sorti de la bouche d'un Gaulois ? On serait tenté de le croire quand on considère nos dénis de justice envers le passé. Verrons-nous toujours la condamnation providentielle dans la défaite ? la justice dans le succès ? la justification, la nécessité morale des actes dans l'événement heureux, dans l'issue victorieuse ?

28 Juillet. — Je m'étonne, — non je ne m'étonne plus, — je m'indigne toujours de l'interdiction qui frappe les lectures publiques de hautes poésies qu'emplit parfois d'orages généreux le souffle moderne, quand on laisse abêtir, par tant de niaiseries chantées, nos places de marchés et de foires. La France qui vivra dans deux cents ans plaindra bien notre époque.

Je viens de renouer connaissance cependant avec une illustre dame de l'antiquité, qui partageait l'avis de la censure et des préfets.

Phémius chantait dans la maison de Pénélope les maux soufferts par les grecs après la prise de Troie. La sage Pénélope l'entend, descend l'escalier élevé, suivie de deux servantes, s'arrête sur le seuil de la salle et dit à l'aède : « Phémius, tu sais d'autres chants qui célèbrent les actions des hommes et des dieux ; interromps celui-ci qui déchire mon cœur dans ma poitrine. » Mais, non moins sage, Télémaque n'est pas de l'avis de sa mère : — « Ma mère, pourquoi défends-tu que ce doux aède nous réjouisse comme son esprit le lui inspire ? Les aèdes ne sont responsables de rien, et Zeus dispense ses dons aux poëtes comme il lui plaît. Il ne faut point t'indigner contre celui-ci parce qu'il chante la sombre destinée des Danaens, car les hommes chantent toujours les choses les plus récentes. Aie donc la force d'âme d'écouter. » — Et Pénélope rentre chez elle, emportant dans son cœur les paroles de son fils.

Ainsi il y a toujours eu des gens qui, par une sensibilité quelconque, — ou par crainte, — ont voulu jeter l'interdit sur les œuvres que le présent émeut.

Je pars demain pour Stockholm où je dois lire, au nom de la Société qui a eu si longtemps pour président M. Boucher de Perthes, un court mémoire : *L'École d'Abbeville dans les recherches préhistoriques.*

Stockholm, 7 août 1874 (1).

« . . . Aujourd'hui, suivant le programme, inauguration du Congrès. . . . . Le soir, la fête de la ville de Stockholm. Elle a été donnée à Hasselbacken qui est un restaurant avec pavillons moresques au milieu d'un assez beau jardin et situé dans l'île de Djurgarden. Nous nous y sommes rendus dans de petits bateaux *mouches*. Arrivé un des premiers, j'ai vu monter et s'amasser peu à peu la foule qui se composait, pour la plus grande part, de savants, le reste n'étant probablement que ministres, maire ou conseillers municipaux. Quelques dames, mais pas beaucoup.

. . . .

Le jardin, les pavillons sont éclairés comme peut l'être la place Saint-Marc une nuit de grande fête. Les savants promènent encore autour d'une fontaine à jet d'eau ce qu'ils ont pu garder de croix et de cor-

(1) Lettre retrouvée à Abbeville.

dons sur ou sous leurs habits. La fontaine laisse tomber son eau sur des fleurs aquatiques vivantes. A quelques pas, un réflecteur envoie l'éclat de vingt becs de gaz sur la statue en bronze d'un poëte Suédois, Carl Michael Bellman, qui joue de la guitare.

« D'étroites et interminables tables s'allongent partout autour des promeneurs. Sur ces tables alternent, pressés sur deux lignes, des verres de vin et des verres de punch suédois . . . .
. . . . Çà et là des assiettes de cigares renouvelées indéfiniment. En face l'un de l'autre, deux orchestres se renvoyant des morceaux de musique. . . . .
. . . . . Des trophées ou groupes de bannières ou de drapeaux de toutes les nations autour du jardin. La bannière tricolore de France était placée sur un drapeau prussien et sur un autre drapeau que je n'ai pu reconnaître dans ses plis nombreux. Au-dessous de la bannière un écusson portait :

LA LOI

et dans une couronne de laurier et de chêne :

R. F.

« Quand je suis repassé, dans la soirée, devant cette manifestation peut-être involontaire des sentiments suédois, un bout du drapeau de la Prusse recouvrait un coin de l'écusson. Le vent était-il le coupable ou la canne d'un Prussien? Il ne faisait pas de vent.

« Tous les toasts étaient prononcés du haut d'une petite tribune élevée pour la circonstance. Ils étaient prononcés en français. Vers la fin, cependant, avant le souper, un Prussien, le baron Von Quast, s'est élancé sauvagement à la tribune et a dit : « Messieurs, je crois qu'il y a ici assez de personnes comprenant l'allemand pour que nous puissions parler allemand. Je parlerai en allemand. » Et il s'est mis à accentuer d'un ton assez furibond quelques mots qui ont été applaudis par les Allemands seuls. L'incartade a été mal accueillie, paraît-il, du reste des assistants. Pour moi, je me suis écarté en disant : Je n'ai pas besoin d'entendre cela. Un Allemand a prononcé alors près de moi quelques mots que je n'ai pas compris et auxquels je n'ai pu faire que cette réponse : oui, je sais bien, c'est un deutscher.

« Après le souper, le succès a été pour un orateur qui est venu parler au nom « d'un très-petit pays, a-t-il dit, de l'Islande, » et il est parti de ce préambule pour protester contre le sabre, contre la force, contre toutes les violences avides, vantant au contraire le respect des droits, la paix, la science, la liberté et le commerce, auquel personne ne perd et auquel tout le monde gagne. La science ne venait là que pour la forme. Il y avait alors une bonne électricité dans l'air. L'orateur de l'Islande était applaudi à chaque phrase. Tant pis pour le baron Von Quast.

« La grosse question viendra à la fin de la session. Les Russes proposent pour le prochain congrès

Moscou et la langue française ; les Allemands, une ville d'Allemagne et la langue allemande. Le vote sera une bataille. —

« Mais parlons du souper . . . .

« Le feu d'artifice qui a suivi le souper a réussi et mérite les mêmes applaudissements que les orateurs. Ce feu d'artifice m'a fait remarquer le ciel. Le ciel était bleu dense, du bleu de l'eau de la Méditerranée. Il faisait très-beau et même doux. Je regardais les fusées et les gerbes du haut d'une galerie, mon gibus sous le bras. Et l'air même n'était pas trop épaissi de vapeurs, car on voyait les étoiles à travers ce bleu bleu. C'était un beau bleu, d'un autre bleu que celui de l'Orient profond et perlé. La teinte de notre ciel de France tient le milieu.

« Le 11 août, nous étions fêtés à Upsal par l'Université. Là, M. Von Quast fait un nouveau coup de tête. Il parle en français, cette fois, mais pour faire l'éloge de l'Allemagne et des Allemands, et, à sa manière, de la France. « Les Français, dit-il, ne sont pas des Romains dégénérés ; ce sont des Germains. » Quelqu'un crie : « Pas de politique. » — Quand M. de Quast descend de la tribune, un applaudissement veut partir, mais les chut ! chut ! l'étouffent. Pendant le discours même, les étudiants, avec une grande promptitude de décision et d'entente, ont remis leurs casquettes. Leur musique qui se fait entendre aussitôt après les dernières paroles de M. de Quast met fin à l'incident. Les Allemands se tiennent cette fois pour battus. »

5 *Septembre.* — Qu'est-ce qu'un temps où les pots à tabac deviennent séditieux, où un pot, coiffé d'un bonnet de forme phrygienne ou catalane, vaut aux détenteurs les rigueurs de la justice? — Procès plaidé à Paris (6e Chambre correctionnelle) et condamnation.

26 *Septembre.* — Lettre à un député : « En êtes-vous bien convaincu enfin que la lutte se circonscrit rapidement entre les Bonaparte et la République?...

« On ne saura jamais tout le mal que nous a fait M. de Broglie, une de nos espérances cependant sous l'Empire. »

22 *Octobre.* — Amiens. Je communique à l'un de mes collègues du Conseil général ce projet de vœu que j'ai rédigé avant la session, en m'aidant de quelques renseignements reçus de Belgique :

« Messieurs,

« Les Conseillers soussignés ont l'honneur de vous proposer l'émission d'un vœu d'ordre purement économique.

« Le déclassement militaire de la ville d'Abbeville rendra prochainement assez difficile peut être la perception exacte d'une partie des droits d'octroi, et ces droits, modifiés à différentes dates, sont d'ailleurs établis dans une proportion assez inégale sur la juste valeur des denrées. Ces considérations reportent la pensée sur un pays qui nous touche et qu'il y a quelque intérêt à citer pour donner à notre proposition l'appui d'une preuve faite. Une loi du 18 juillet 1860 a affranchi toutes les villes de la Belgique de toutes les impositions indirectes connues sous le nom d'octroi. Ces taxes ont été remplacées par un ensemble de mesures financières dont l'étude pourrait ne pas être sans avantages pour notre pays. Il n'appartient pas aux villes de rechercher et d'appliquer de leur propre autorité ces mesures. La règle, pour être appliquée, devrait donc recevoir force de la puissance législative et devenir générale.

« Nous proposons, en conséquence, au Conseil d'émettre le vœu que le Gouvernement fasse procéder à l'étude des moyens propres à substituer aux octrois communaux un mode équitable d'impositions pesant le moins lourdement qu'il se pourra sur les contribuables et d'une perception facile et non coûteuse. »

La réforme possible ou mieux la suppression des octrois m'occupe depuis longtemps. J'ai désiré m'édifier sur la question en Belgique même. Je me suis adressé, pour obtenir quelques éclaircissements, à M. le général baron Guillaume, ancien Ministre de la guerre, avec qui j'ai eu l'honneur d'être mis autrefois en relation par un officier de l'armée belge. M. le général Guillaume a bien voulu me répondre de la façon la plus gracieuse et la plus empressée et m'envoyer un historique résumé de la transformation adoptée. Son frère, inspecteur général au ministère des finances, a grandement contribué en 1860 à l'élaboration de cette importante réforme ... « C'est vous dire, m'a écrit M. Guillaume, que les renseignements ont été puisés à la source officielle : c'est vous dire aussi que, si vous avez besoin de nouvelles indications, vous pouvez disposer sans réserve de mon intermédiaire. »

Mon collègue ne désapprouve pas le vœu, mais ne croit pas le moment venu de le produire. Je me rends à ses avis.

[*Décembre 1875.*— Je confie aujourd'hui le projet de vœu à cette page, où il pourra être repris un jour.]

5 Novembre 1874. — Un vœu signé par quinze Membres du Conseil général et demandant la levée de l'état de siége est déposé sur le bureau du Conseil. Les considérants de ce vœu sont :

« Considérant qu'aux termes de l'article 31 de la loi du 10 août 1871, le Conseil général peut adresser directement au Ministre compétent, par l'intermédiaire de son Président, les réclamations qu'il aurait à présenter dans l'intérêt spécial du Département ;

« Considérant que la question de savoir s'il y a lieu de maintenir, dans le département de la Somme, l'état de siége décrété au mois d'août 1870, à l'approche de l'invasion, est une question qui intéresse spécialement le Département ;

« Que la loi du 9 août 1849 porte : « L'état de siége

ne peut être déclaré qu'en cas de péril imminent pour la sécurité intérieure ou extérieure;

« Que le territoire de la Somme étant délivré, depuis trois ans, de la présence de l'ennemi, le maintien de l'état de siége ne peut plus être qu'une mesure d'administration intérieure, et que les circonstances actuelles permettent d'y mettre un terme, sans péril pour la sécurité du Département;

« . . . . »

Le Préfet ayant demandé la question préalable sur la proposition, un scrutin public a donné pour cet avis qui repousse la discussion et l'adoption du vœu, vingt voix contre dix-sept; savoir, pour la question préalable : MM. de Beauvillé, Béthouart, Méhaye, Martelet, baron Le Feuvre, comte de Forceville, de Morgan de Belloy, Faton de Favernay, Dupuis, de Rambures, Villemant, de Neuvillette, vicomte de Butler, de Rainneville, Élie de Morgan, de Francqueville, Dauphin, Bertin, Lallouette, Desprez.

Contre : MM. Hamel, Rouge-Hallouin, de Douville-Maillefeu, Caron, Goblet, Labitte, Frichot, Petit, du Grosriez, Vion, Mollien, Gambier, Dhavernas, Jametel, Lardière, Prarond, Magniez.

Se sont abstenus : MM. Brulé et Peltot.

Absent au moment du vote : M. d'Estourmel.

Ce n'est donc pas un vote du Conseil général qui engagera le Ministre de l'intérieur à lever l'état de siége dans la Somme.

1875.

1er Février. — Qu'est-ce que l'indépendance des esprits? A quoi tient-elle?

Les plus obséquieux s'affichent comme les plus indépendants le lendemain de certains événements. Revoyez-les quatre ou cinq ans plus tard ; vous les retrouvez rentrés dans leur bonne petite nature docile.

8 Avril. — *Amiens.* — Les élections politiques pourront venir avant la fin de l'année. Il n'est pas défendu de craindre, de la part de M. Buffet, une intention d'agir sur les maires nommés par lui ou par son prédécesseur et de peser par eux sur l'ensemble des électeurs. Dans tous les cas, il est désirable que les maires ne soient pas soupçonnés de faiblesse sous des pressions réelles ou supposées. Je communique à deux de mes collègues du Conseil général ce projet de vœu :

« Les membres soussignés proposent au Conseil d'émettre le vœu que, par une disposition législative, la présidence de tout scrutin d'élection en toute commune soit attribuée au maire d'une commune voisine, de même que pour les conseils de révision les conseillers généraux eux-mêmes sont délégués en d'autres cantons que ceux qui les ont élus. »

Mes collègues craignent que le vœu ne soit pas adopté. Il sera plus à propos de le faire discuter au mois d'août. D'ailleurs une loi sur les maires interviendra peut-être dont les dispositions pourront faire modifier les termes de ce vœu ou le rendre inutile.

3 Mai. — Une réunion privée a été tenue hier à Amiens, sous la présidence de M. Gaulthier de Rumilly, assisté de MM. Goblet et Barni. Des discours ont été prononcés par les trois représentants de la Somme. — L'analyse de ces discours trouvera place dans le *Second appendice au journal d'un provincial.*

5 Mai. — Triste sujet de réflexion. Rencontrons-nous parfois devant nous, dans un parti plus fort que le nôtre, de vilains caractères, — les qualités diverses les déguisent mais ne les détruisent pas, — une pensée nous vient : Ces vilains messieurs, si nous étions les plus forts, ne seraient-ils pas avec nous ? Pis que cela, ne nous feraient-ils pas illusion sur leur franchise ou leur probité ?

5 Juin. — J'ai eu sous la main aujourd'hui un numéro du *Galignani's* du 20 septembre 1862 et suis tombé sur un discours de M. Disraëli à une association d'agriculture. Quel Français ne se réjouirait, le jour où un ministre, qui ne serait ni M. de Broglie ni M. Buffet, pourrait dire : ... we have solved the most difficult problem of politics, and have combined, not only freedom with order, but progress with tradition?

6 Juin. — Il y a vraiment des gens qui se disent libéraux comme Judas se disait apôtre de Jésus.

Libéraux dans leurs circulaires, libéraux peut-être encore dans leurs conversations vagues, mais s'ingéniant dans leurs propositions et dans tous leurs votes à créer tous les empêchements possibles à la liberté.

12 Juin. — Hélas ! une autre guerre terrible s'annonce, une guerre du genre de celles que nous croyions disparues pour jamais. Plus ne nous est nécessaire de chercher le secret de ces émotions que nous autres, relativement jeunes et nés à la réflexion après les luttes, nous estimions de goût douteux en lisant l'histoire de la Restauration. Le monde moderne a vu se relever contre lui des adversaires avec lesquels il aimait à se croire et se disait en paix, qui n'étaient plus des adversaires et qu'il entourait de déférences et d'égards aussi loin en arrière que mes souvenirs me reportent. Le malheur est que les mots n'ont pas le même sens, la même valeur, dans leur langue et dans celle qu'entend et que parle le monde. Notre mot liberté est de ce nombre. Ce que le Calédonien Galgacus disait des Romains, on pourrait, avec un léger changement, le dire d'un trop grand nombre de nos contemporains : *Ubi dominationem imponunt, libertatem appellant.*

13 Juillet. — Ce matin, j'ai eu un dialogue amical et furieux avec un de mes amis, le plus doux des hommes. Cet ami, malgré sa douceur, est assez partisan, en paroles, du bâton comme instrument d'administration et de moralisation : — le bâton, le bâton, disait-il, (il se ferait scrupule de tuer une mouche).

— Voyez la différence entre vous et nous, lui-dis-je, vous réclamez le bâton et nous demandons des écoles.

Je l'ai blessé très au vif, car il me réplique immédiatement : — vous êtes un jésuite. (Notez qu'il ne déteste pas les jésuites.) Vous savez bien que nous aussi nous voulons des écoles.

— Je le sais, mais il y a encore une différence. Nous voulons des écoles dans lesquelles la science entre par toutes les fenêtres ; vous en voulez dans lesquelles elle n'entre que par une seule lucarne, encore garnie de verres d'une certaine couleur.

9 Août. — Quelques personnes ont pu conserver des illusions sur les promesses de l'empire libéral. Qu'elles jugent de ce qu'aurait été cet empire libéral par ce que fait M. Buffet, appui, un jour, de ce régime entrevu.

12 Août. — J'ai eu occasion, ce soir, dans une conversation, de poser un principe que je crois le plus vrai et le plus humain des principes.

La proposition paraît d'abord plus banale qu'une naïveté à la Calino :

« Nous devons protection aux faibles. »

C'est que, pour le malheur des discussions, tout le monde ne s'entend pas toujours sur les faibles et ne veut pas les voir où ils sont.

On est faible malheureusement de bien des manières en ce monde. Il y a les faibles par la misère, il y a les faibles par l'infirmité physique, les faibles par l'infériorité intellectuelle, mais il y a aussi les faibles par le petit nombre. Les faibles par le petit nombre ont droit comme les autres à notre protection. Il faut, par exemple, que toutes les institutions charitables auxquelles une ville s'intéresse à quelque titre que ce soit comme ville, c'est-à-dire comme personne collective et impartiale de devoir strict, ne soient jamais des institutions exclusives et qu'elles versent impartialement aussi leurs bienfaits sur tous, abstraction faite de toute opinion, de toutes conditions confessionnelles...

Il y a eu un temps en France où on n'eût jamais soupçonné que des déclarations semblables à celles-ci pussent retrouver raison d'être faites.

24 Août. — Certaines conversations font voir que les membres de l'Assemblée actuelle voudront choisir les soixante-quinze sénateurs inamovibles dans leurs différents groupes. Les sénateurs à temps seront pris parmi les notabilités d'arrondissement.

Ce Sénat composé d'hommes à peu près obscurs, sauf exceptions, sera plus honnête que celui de l'Empire, mais pourquoi Assemblée et Nation n'iraient-elles pas tout droit aux célébrités? Qu'on ouvre un Vapereau et qu'on demande aux sciences, aux arts, à l'armée, aux lettres (1). La France pourrait encore fournir un

(1) A la condition, bien entendu, que chaque parti s'assure, avant le vote, de l'opinion des hommes mis en évidence par leurs mérites.

Sénat devant lequel tous ceux du monde, jusqu'à la Chambre des Seigneurs de Prusse, seraient forcés d'ôter leurs chapeaux ; mais il faudrait plus de désintéressement, de la part de MM. les députés, et plus d'éducation de tous genres, de la part du pays.

31 Octobre. — Aujourd'hui une réunion privée a été tenue à Amiens, dans laquelle des discours ont été prononcés par MM. Gaulthier de Rumilly, Goblet, Barni et Magniez. Ces discours seront imprimés (1).

9 Novembre 1875. — M. de Franclieu est vif et a des préventions, mais tout est-il faux dans ce que la passion honnête lui suggère ? Il a dit hier à l'Assemblée nationale :

« C'est de la part des fonctionnaires que les injustices et les abus se produisent le plus fréquemment. »

Puis, en enveloppant, il est vrai, l'attaque de quelques-unes de ses préventions habituelles :

« Les États-Généraux ont perdu le pays et il est certain que, depuis cette époque, les fonctionnaires ne sont occupés qu'à sacrifier à leurs intérêts personnels les intérêts du peuple. »

Ce à quoi le président, M. d'Audiffret-Pasquier, croit devoir objecter qu'il ne peut laisser parler des fonctionnaires dans des termes semblables.

(1) Ils l'ont été et sont en vente chez les principaux libraires du département. Ils sont à conserver comme documents de l'histoire de l'esprit public dans la Somme.

Quelqu'un me souffle : M. de Franclieu s'abuse surtout sur les fonctionnaires antérieurs à la réunion des États-Généraux.

14 Novembre. — Je lis dans le *Voyage autour du monde,* du comte de Beauvoir, ces lignes que je copie. Elles se rencontrent au chapitre V, *Melbourne et ses environs.*

« Oui, on a ici une haute idée de la France, et cela nous réjouit l'âme. En revanche, voici les hommes politiques et responsables de cette terre libre, libre jusqu'à l'illimité dans ses votes, dans sa presse, dans ses chambres, dans ses réunions, et ils nous demandent de nous expliquer ce que c'est que les candidatures officielles, les ministres non responsables, les premiers et les derniers avertissements, les suppressions de journaux, la prison préventive, les prohibitions de « meetings ». — Bref, toute notre litanie nouvelle et le *De profundis* de nos libertés, c'est de l'hébreu pour eux ; je le comprends, et je ne connaîtrais que des arguments chinois pour leur répondre. »

Il n'est pas un des anciens libéraux qui sont aujourd'hui à l'Assemblée nationale qui n'eût, sous l'Empire, signé ces lignes. Combien ont approuvé, depuis, les prohibitions de « meetings », les suppressions de journaux, le maintien du régime exceptionnel de l'état de siége, etc. (1).

(1) Et par un dernier vote, jusqu'à un certain point, le retour des candidatures officielles (séance de l'Assemblée du 24 novembre.)

16 Novembre. — Melbourne pourrait savoir maintenant d'ailleurs que ce n'est pas seulement en France, mais dans nos colonies plus voisines de l'Australie, que les libertés sont restreintes. Le Courrier de l'Indo-Chine nous apprend qu'un des premiers actes administratifs de M. le contre-amiral Duperré, à son arrivée à Saïgon, a été de décréter qu'il n'autoriserait pas plus de deux imprimeries dans la colonie. « Le décret, disent les journaux, ne donne aucune raison à l'appui de cette décision. »

17 Novembre. — Mais qu'aurait donc été l'Empire libéral avec des ministres comme M. Buffet ?

18 Novembre. — Les débats sur la loi électorale, le vote qui ajourne la loi sur les maires, me remettent en mémoire mon projet de vœu du 8 avril. Ne pourrait-on faire entrer dans la loi actuellement discutée la disposition réclamée par ce vœu : «.. que la présidence de tout scrutin soit attribuée au maire d'une commune voisine, de même que, pour les conseils de révision, les conseillers généraux, etc...» — Nous devons croire qne tous les maires de France auront uniquement pour point d'honneur de veiller impartialement à l'entière liberté et à l'entière sécurité des consciences pendant les périodes électorales, mais nous devons les croire heureux aussi de voir chasser loin d'eux jusqu'à l'ombre des soupçons contraires La mesure proposée ne saurait les blesser plus que ne blesse les conseillers généraux celle qui les envoie parfois hors de leurs cantons. — Je soumets les termes du vœu et la question d'opportunité à un des honorables représentants de la Somme.

24 Novembre. — Reçu une réponse de Versailles. La Commission de la loi électorale n'est plus en état d'examiner les amendements qu'on lui propose. Elle est complétement débordée; les découpages de circonscriptions disputées, etc. . . . . — Diverses fractions de l'Assemblée ont engagé leurs membres à ne plus déposer d'amendements ou à retirer ceux qu'ils ont présentés. On veut en finir avec la loi.

24 Novembre. — Les municipalités électrices du second degré nommeront des délégués électeurs du troisième degré qui nommeront les sénateurs. Cette belle combinaison, non complétement nouvelle, en gâte d'autres du même genre, moins compliquées, mais qui n'ont pas fait merveille cependant. L'aïeule de M. de Broglie, Mme de Staël, restée amie des libertés au lendemain de la Révolution que son petit-fils évoque en épouvantail contre la liberté, écrivait à M. Fauriel (fin de l'été de 1801) :

« Notre Suisse va assez mal ; on a fait les élections tout de travers ; on a choisi les municipalités pour électeurs, on évite les choix populaires, et l'on veut cependant avoir l'air de faire émaner les pouvoirs du peuple ; c'est une subtilité qui n'aboutit à rien qu'à éviter à la fois les avantages de la démocratie et de l'aristocratie. »

D'autres intérêts et d'autres avantages sont chez nous en présence que ceux de la démocratie et de l'aristocratie, mais n'y a-t-il pas, dans la plainte de Mme de Staël, sujet à méditation pour nous?

Est-ce que M. de Broglie lui-même aurait repêché à notre usage dans la lettre de son aïeule la combinaison dont l'amie de M. Fauriel démontrait si bien les inconvénients pour la Suisse?

25 *Novembre.* — 318 voix contre 314, c'est-à-dire à la majorité absolue plus une voix, les votants étant 632, l'Assemblée nationale a décidé hier que le Gouvernement pourrait revenir aux pratiques condamnées de la candidature officielle (1). Ce qu'il y a de triste, c'est que dans le chiffre victorieux on rencontre les noms de beaucoup d'hommes qui ont souffert du régime impérial, l'ont combattu hautement et ont flétri les candidatures patronées administrativement. A qui donc se fier? Serons-nous forcés de recommencer tous nos combats pour des principes d'honnêteté, de probité, de respect, que nous pensions définitivement hors de danger?

Quel droit les hommes honorés par la persistance de leurs revendications sous l'Empire, portés à l'Assemblée par l'estime due à la constance de leurs opi-

(1) Discussion de la loi électorale. Il s'agissait d'une disposition additionnelle à l'article 3, ayant pour objet d'interdire aux agents de l'autorité de désigner un candidat aux suffrages des électeurs, par des affiches, par des circulaires et par tous autres écrits ou actes officiels ou administratifs.

nions, juges ayant, le 1er mars 1871, ratifié à Bordeaux la déchéance de l'Empire, quel droit ces hommes se sont-ils donné et conservent-il de condamner l'Empire s'ils en reprennent les plus détestables errements?

S'imaginent-ils donc que, sous l'Empire, nos sympathies ou nos antipathies étaient simplement pour ou contre des noms? Est-ce qu'eux-mêmes alors auraient lutté pour ou contre des hommes, non pour des principes?

Plusieurs certainement des hommes qui ont fourni les 318 voix sont les amis du comte de Beauvoir dont je copiais dernièrement un *De Profundis* lamentable.

28 Décembre. — Les hommes qui mettent toujours en avant le nom de M. le maréchal de Mac-Mahon, sont-ils ou paraîtront-ils infailliblement plus tard de très-honnêtes gens? Je ne connais personne qui ne professe le plus profond respect pour le maréchal Président de la République, mais ne voir dans la Constitution qu'un homme, substituer en quelque sorte, et d'une façon systématique, cet homme aux institutions, n'est-ce pas là une singulière disposition et une méthode singulière pour faire l'éducation politique d'un peuple qu'on a trop habitué déjà à compter plus sur des personnes que sur des lois? Epargnons au maréchal l'injure des rapprochements que certaines déclarations mal calculées pourraient faire naître dans les esprits et laisser dans l'histoire.

Notre défense un peu passionnée de M. Thiers, en mai 1873, ne reçoit d'excuses que des circonstances, et n'est bien justifiée que par les attaques passionnément injustes d'une partie de l'Assemblée.

31 Décembre. — J'avais l'intention de reprendre encore dans mes cartons beaucoup d'autres remarques générales, mais le désir d'envoyer celles-ci à l'imprimerie, dans un moment où quelques-unes peuvent tirer une valeur des circonstances et ne pas être même sans utilité, m'a engagé à ne pas grossir davantage ce *premier appendice au Journal d'un provincial.*

11501. — AMIENS, IMP. T JEUNET.

LA

DÉFENSE POLITIQUE.

ERNEST PRARON[D]

LA

DÉFENSE POLITIQUE

SECOND APPENDICE

AU JOURNAL D'UN PROVINCIAL PENDANT LA GUERRE

ABBEVILLE

1871-1877

AMIENS
PRÉVOST-ALLO, LIBRAIRE
EUGÈNE HECQUET,
SUCCESSEUR

M DCCC LXXVII

LA DÉFENSE POLITIQUE.

Mon souhait serait de vivre dans un pays où la loi, expression philosophique de tous les droits, n'aurait plus un article qui ne fût en accord avec la conscience humaine ; dans un pays si bien réglé enfin qu'aucune individualité n'y pourrait être blessée, même moralement, et que l'on n'y serait plus forcé de songer à cette défense ou à cette attaque nécessaire de tous les jours que nous nommons la politique.

Malheureusement notre pays n'est pas encore cette république du ciel, et, à des périodes de temps inégales, le sentiment de la justice en danger tire de leur paix les honnêtes gens qui aiment avant tout l'équité, et qui souffrent de toute blessure au droit. Les plus pacifiques sont pris alors d'indignations subites qu'ils ne sauraient contenir sans une souffrance de plus.

J'ai éprouvé une de ces indignations en 1873 quand des hommes, nos chefs d'attente pendant l'Empire, ont étonné si cruellement un soleil de mai.

Que me voulez-vous sous un nouveau soleil de mai, sentiments congédiés avec tant de bonheur après la

1.

fausse sortie et durant la trop peu vraie absence de ces hommes ?

Hélas ! vous m'apprenez que la paix n'est pas faite encore malgré la bonne volonté dépensée et les sacrifices prodigués.

Les mêmes hommes ont rendu autour d'eux les circonstances semblables. Des paroles écrites il y a quatre ans et qu'on eût voulu croire à jamais inutiles pour des temps délivrés se retrouvent tout actuelles.

C'est avec tristesse qu'on se voit amené à mettre en présence les mois inquiets des deux années de combat ; c'est avec tristesse que je reconnais trop facile de rapprocher de pages publiées quelques pages nouvelles :

« Il est bon au vieillard (1) qui se retourne de n'avoir pas à retirer avec peine de ses souvenirs les impressions de telle ou telle heure de sa vie, et de retrouver, toute faite, la confession de ses pensées, sans que les erreurs de sa mémoire puissent y changer un mot. »

Le Journal d'un provincial pendant la guerre et l'Appendice Après les prussiens peuvent servir de justification déjà à la courte préface de 1873 ; je chercherai dans ces confidents d'impressions anciennes quelques leçons pour les mois présents en suivant simplement l'ordre des pages et des dates.

(1) Vers de 1873, *préface.*

QUELQUES SOUVENIRS ET QUELQUES RAPPROCHEMENTS.

1870.

« Soyez sûrs que vous me retrouverez homme de liberté quand beaucoup d'autres auront abandonné ce titre. » — Paroles de 1870. — JOURNAL D'UN PROVINCIAL PENDANT LA GUERRE, *préface, page II.*

Paroles trop vérifiées, hélas ! depuis 1870 pour un bon petit nombre de gens. Heureusement de très-recommandables, sérieuses et solides recrues nous consolent.

Juillet 1870. — « L'intérêt de la France pour nous (que les gens de force raillent s'ils le veulent) est dans la conservation, dans l'extension de la prépondérance morale, politique, de fierté généreuse, qu'elle doit perdre, au contraire, si rapidement aux yeux des peuples, depuis son abdication entre des mains qui lui mesurent tout. Cet intérêt est dans l'accroissement de sa valeur philosophique, scientifique et littéraire, qui diminue bien aussi, j'en ai peur, en comparaison de la valeur de même ordre acquise par d'autres peuples, depuis que notre Gouvernement se défie de la science, de la philosophie et des lettres ; depuis qu'il s'applique à les rendre dociles, soumises, c'est-à-dire à les abaisser ou à les corrompre ; depuis qu'il les inquiète et poursuit, surtout dans les chaires dont il écarte les hommes de direction propre. Et de cette guerre ouverte ou sourde à toute pensée les exemples abondent : à Paris, Renan ; à Lyon, Laprade (1) ; de tous les côtés bien d'autres, sans compter tous ceux qu'on ne connaît pas et qui n'ont même pas eu velléité de se produire sous ce régime, » etc. — JOURNAL D'UN PROVINCIAL, *pages* 6 *et* 7.

Je ne me déclare pas heureux, je l'avoue, de pouvoir recopier comme d'actualité, sous le ministère de M. de Broglie, cette page écrite sous l'Empire.

Juillet 1870. — « Notre force nationale est dans la révolution qui nous a fait ensemencer de principes de justice et de droit, d'institutions persistantes pour la plupart, l'Italie, les provinces Rhénanes, les Pays-

(1) Pour premier rapprochement, l'APPENDICE AU JOURNAL signalait le déplacement par le premier ministère de Broglie de M. Emile Alglave d'une chaire de droit à Douai parce qu'il était le directeur de la *Revue des Cours Scientifiques et Littéraires.*

Les rapprochements ne se compteraient plus aujourd'hui. Le membre innocent de l'Institut, devenu ministre de l'Instruction publique pour avoir fait innocemment la République, n'est pas resté au-dessous de ses prédécesseurs, ayant, le 8 de ce mois, remplacé sans l'appeler à d'autres fonctions, M. Émile Burnouf, doyen de la Faculté de Bordeaux, peu de jours après une lettre de ce dernier touchant la situation de l'enseignement public et les entreprises auxquelles les établissements de l'État sont en butte — *12 Décembre 1875.*

Et, depuis quelques mois, quelle guerre même aux simples conférences scientifiques ? — *Août 1877.*

Bas (Flamands et Brabançons), l'Allemagne elle-même. Mais ces principes de justice et de droit ont pris racine partout, et les pousses en sont plus vigoureuses maintenant en certains lieux lointains que chez nous. La liberté du livre, la liberté de la parole ont ailleurs des garanties dont l'apparence n'existe même plus en notre pays des trouvères, de Rabelais, de Pascal, de Voltaire, de Mirabeau, de P.-L. Courrier . . . . Les chaires étrangères plus savantes que les nôtres, hélas ! entendent agiter tous les problèmes, approfondir toutes les sciences (1), les savants n'en étant pas écartés par les craintes, les faiblesses, les timidités des gouvernements. Les parlements étrangers ne sortent pas comme le nôtre de candidatures officielles, d'élections faussées. » — JOURNAL D'UN PROVINCIAL, *pages* 7 *et* 8.

Je transcris cela en 1877. Bien des choses ont changé depuis le mois de Juillet 1870, — pas tout.

Je rappellerai seulement, non pour triompher, Dieu m'en garde ! mais comme simple souvenir, l'approbation donnée en 1870 par un certains nombre de libéraux de cette date à des opinions entachées aujourd'hui pour eux du plus pur radicalisme.

Le provincial de 1870 pouvait encore, sûr des sentiments de tous comme du sien, écrire dans son journal :

« L'empereur comprend bien où est la force de la

(1) Les Allemands ont déjà fondé à Strasbourg une Université qui pourrait nous servir de modèle par le nombre des professeurs et la libre variété des matières traitées.

France ; il sait par l'invocation de quels principes il peut faire illusion. De la vieille force vitale de la France, il veut faire la sienne ; sa proclamation en fait foi, et en fort bons termes :

« Le glorieux drapeau que nous déployons encore « une fois devant ceux qui nous provoquent est le « même qui porta à travers l'Europe les idées civi- « lisatrices de notre grande révolution (1) ; il inspirera « les mêmes dévouements (2). »

Ainsi pensait et disait, en juillet 1870, l'empereur s'efforçant d'entrer en communion avec le sentiment national. Un mot d'ordre venu de loin, de par delà les frontières, est tellement donné aujourd'hui contre notre œuvre de quatre-vingt-dix ans bientôt, que les Bonapartistes eux-mêmes n'oseraient plus, engagés qu'ils sont dans la coalition contre-historique, répéter les paroles de leur dernier empereur :

« .... les idées civilisatrices de notre grande Révolution............ »

2 *Août 1870.* — Contre les candidatures officielles à tous les degrés ; fin d'une lettre de M. Calluaud, conseiller municipal, à M. le maire d'Abbeville :

« . . . .

(1) Non malheureusement, il ne représentait plus les mêmes principes, il était trop tard. — *Note du* JOURNAL D'UN PROVINCIAL.

(2) Et l'auteur du JOURNAL pouvait ajouter immédiatement :

« Tout cela est excellent, mais il y a une logique au monde. L'homme qui a faussé, dans ses principes de dignité au moins, la Révolution, a-t-il le droit de parler en son nom et de s'appuyer sur elle ? ».

« Je regrette, Monsieur le maire, de ne pouvoir adhérer à la formation d'une liste dont le caractère officiel est de nature, selon moi, à porter atteinte à la libre expression des suffrages.

« Veuillez recevoir.......... »

Dans une lettre communiquant cette réponse aux électeurs, M. Calluaud ajoutait :

« Je demande pour vous, en 1870, ce que j'ai demandé en 1863 et en 1865 : Liberté entière dans le choix des candidats et dans l'expression des suffrages.

« 2 Août 1870.

« CALLUAUD »

J'aime à reproduire, en 1877, cette leçon dont l'opportunité se reproduit aussi malheureusement de temps en temps.

M. Calluaud était en outre partisan de l'élection des Maires par les Conseils municipaux. Délégué par le Préfet pour remplir les fonctions du Maire démissionnaire, il réclamait, avant d'accepter, un vote de ses collègues : « Il y a lieu de penser, leur disait-il le 27 septembre (1870), que les Conseils municipaux seront sous peu en possession du droit de porter eux-mêmes des hommes de leur choix à l'honneur de diriger les administrations locales. » — J'ai déjà rappelé ces paroles, il est bon de les rappeler encore aux personnes oublieuses, aux Conseillers généraux conservateurs qui survivent et dont les vœux exprimés en session (1) étaient d'accord avec les espérances de M. Calluaud.

4 Septembre 1870. — « La France va pouvoir se battre pour elle-même. » JOURNAL D'UN PROVINCIAL, *pages* 54-59 ; APPENDICE, *pages* 9-10.

Il y a des souvenirs bons à conserver, non pour nous, mais pour les besoins de la défense.

Il est nécessaire de se rappeler toujours, parce que ce témoignage ne peut être suspect aux hommes d'un certain parti pris et qu'il faut choisir parfois les témoignages pour ces hommes, la justice rendue par M. de Broglie à la France des derniers mois de 1870, et, explicitement ou implicitement, au Gouvernement de la Défense nationale, et même, — découvrez cela, messieurs, sous la plume de votre Ministre, — à la population parisienne qui a souffert du siége. On pourra toujours trouver ce témoignage dans le *Livre jaune* de 1873, chapitre *Correspondance générale, circulaire du Ministre des affaires étrangères aux agents diplomatiques, datée de Versailles, le* 5 *septembre* 1873 :

« .... Quels que soient les jugements que l'histoire porte sur les origines et la conduite de la malheureuse guerre de 1870, les reproches qui peuvent être adressés aux gouvernements ne retombent pas sur la nation qui, privée d'un seul coup de toutes ses armées régulières, a pourtant soutenu la lutte pendant cinq

(1) Conseil général de la Somme, Séance du 28 Septembre 1871.

mois avec des troupes improvisées, et dont la capitale a supporté sans murmures les souffrances du siége le plus rigoureux. Une nation qui s'est montrée capable d'un tel effort après un tel désastre, peut se résigner aux conditions que lui a imposées le sort des armes sans rien perdre dans l'estime du monde. »

L'honneur de notre temps est donc bien sauf. Il est permis de le mettre mieux dans son jour par quelques rapprochements. On peut comparer la résistance de toutes nos villes de France en 1870, même de Nancy qui s'est rendue à quatre uhlans, à la conduite des villes du Midi au 18e siècle quand les Autrichiens envahirent la Provence (VOLTAIRE, *siècle de Louis XV*). — On a certainement fait en patriotisme des progrès depuis ce temps et personne ne nous défendra de les rapporter à la forte éducation nationale des dernières années de ce même 18e siècle qui avait vu les faiblesses de 1746.

8 Octobre 1870. — Dans la journée, réunions préparatoires pour les élections à la Constituante.... — JOURNAL, *page* 107 ; APPENDICE, *page* 13.

A l'occasion de ces élections (elles devaient avoir lieu le 16), M. Goblet, procureur général, a adressé aux procureurs de la République une circulaire datée du 22 septembre et contenant des recommandations que tous les régimes devraient s'approprier : « ..... La première règle qu'ils (les fonctionnaires de l'ordre judiciaire) auront à s'imposer, sera de s'abstenir de toute pression ayant pour objet le succès de candidatures favorables au système que représente le Gouvernement actuel. Mais, si ces magistrats doivent s'interdire scrupuleusement de pareils actes, il n'est pas moins évident qu'ils ne sauraient prêter l'appui de leur autorité à des candidatures contraires sans manquer à leurs devoirs et sans engager gravement leur responsabilité (1).

Un homme qui comprend ainsi le respect dû à la conscience et à l'indépendance des électeurs et qui professe cette probité électorale avait, devenu maire d'Amiens, tous les droits à une destitution. Un dîner de cet homme avec un de ses anciens collègues de la

(1) Cette circulaire n'est pas à louer ; elle se loue elle-même par chacun de ses termes J'ajoutais cependant dans l'APPENDICE paru en 1876 :

« De telles paroles, comme celles prononcées par M. Calluaud dans la séance municipale du 17 septembre, ne sont pas à oublier. La morale politique n'est pas encore tellement établie que des leçons et des exemples aient cessé de lui être utiles.

« Ne craignons donc pas d'accumuler les leçons.

« La circulaire du procureur-général d'Amiens et les paroles du chef de la municipalité Abbevilloise pourront toujours être, dans le même intérêt de probité, rapprochées des recommandations adressées, en avril 1871, par M. Ernest Picard, Ministre de l'Intérieur, aux Préfets en vue d'élections prochaines : « L'Assemblée nationale a voulu que les élections se fissent librement et ne pussent, à aucun degré, être considérées comme l'œuvre d'un parti. Le Gouvernement n'a pas d'autre pensée ; il vous recommande de veiller à ce que la liberté des élections soit complète : il ne vous impose d'autre devoir que celui d'assurer la pleine exécution de la loi. » J'ajoutais en approuvant cette circulaire au 27 avril (p. 478) : Il est honteux pour notre passé d'avoir à louer ces paroles qui seront désormais celles de tous les Ministres, ou plutôt qui deviendront inutiles et seraient regardées comme injure par les fonctionnaires futurs, respectueux du droit et des plus délicates libertés. — Je suis heureux d'avoir écrit cela alors, car je ne saurais le dire avec une sécurité aussi parfaite aujourd'hui ». — APPENDICE, *page* 13.

chambre, chef de la dernière majorité législative, a mis encore ces droits en évidence. C'est contre les hommes atteints du même mal de respect pour la conscience et l'indépendance d'autrui qu'un ministère, servi par des préfets aidés eux-mêmes par beaucoup d'agents, va mettre en mouvement toute la force administrative si leurs concitoyens les désirent pour représentants.

7 Décembre 1870. — « L'administration supérieure cherche à former une commission municipale pour remplacer le conseil élu. Je suis appelé, vers six heures du soir, à la sous-préfecture...... j'avoue que cette facilité à remplacer par des commissions complaisantes les municipalités élues m'émeut. Je repousse avec quelque vivacité l'idée de donner tort à mes concitoyens par un acquiescement à des combinaisons quelconques administratives. Aux premières ouvertures je réponds : « Je ne suis qu'un libéral, mais mon libéralisme a vingt ans de date (et je me rajeunis en comptant ainsi). Il me suffit et je m'y tiens. Je ne lui donnerai pas un démenti en acceptant une nomination qui serait le contraire d'une délégation libre de ma ville (1). » — JOURNAL D'UN PROVINCIAL, *page* 207.

(1) Cette déclaration a été trop approuvée alors par quelques braves gens qui supprimeraient volontiers aujourd'hui toute élection et qui, parce que je n'ai pas changé depuis ce temps, sont bien près, peut-être de me ranger dans les pétroleurs. — Note du JOURNAL D'UN PROVINCIAL, publié en 1874, c'est-à-dire assez longtemps après le 24 mai 1873. Je ne pensais pas en 1874 qu'il y eut rien à répudier de ces sentiments de 1870, de 1873 ; je ne pense pas qu'il y ait rien à en répudier en 1877.

Je quitte un instant cette page pour rechercher le numéro du 30 juin 1877, d'un journal du département, et je lis :

« Le Conseil municipal d'Amiens a été dissous par arrêté préfectoral (du 29 juin) et remplacé par une Commission municipale, composée comme suit : ..... »

— J'ai copié les noms ; je les supprime. L'histoire d'Amiens les gardera. Mais que d'*anciens* dans la liste ! Ancien conseiller général, ancien avoué, ancien adjoint, ancien officier de marine, ancien raffineur, ancien député, ancien président du Tribunal de commerce ou du Conseil des Prud'hommes, ancien négociant, et que de blackboulés de différentes dates probablement ! Mais, par compensation, on peut douter que le Conseil dissous eût pu rendre aussi jaloux les blés de juillet où rutilent les coquelicots.

Je retourne au JOURNAL DU PROVINCIAL et je lis à la date du 9 décembre 1870 : « Des efforts malheureux sont toujours faits pour la formation d'une Commission municipale. » Enfin je vois, à la date du 15, que « la formation d'une Commission municipale étant reconnue impossible, » l'arrêté qui se décide à dissoudre le Conseil municipal, « fait porter sur un seul homme toute la charge de l'Administration et du Conseil ; » et M. Drincourt, nommé Officier municipal provisoire, devient à la fois le Conseil et le Maire de la ville. Cette résistance de l'esprit municipal dilate le cœur.

Le 5 février 1871, l'arrivée imminente des Prussiens, mis en possession de la ville par les conventions de l'armistice, force le dévouement de quelques citoyens à accepter le mandat de les recevoir pour sauvegarder les intérêts de la commune et des habitants ; je relis sous cette date :

« J'ai toujours eu grand dépit des mesures qui ont brisé le Conseil régulier de la ville..... Pour moi, le Conseil élu le 7 août existe encore légalement. » Suit une courte discussion au point de vue de la loi ; puis : « Amené par l'histoire étudiée du Moyen-Age, du XVIe siècle, et de ma ville même, à aimer, à respecter les franchises municipales, je me suis senti, autant que les conseillers mêmes, froissé par l'arrêté qui les a atteints. Rapprochement de rancunes : Quand on en veut encore à Louis XIV de la création des maires perpétuels, on peut bien en vouloir à un préfet d'une dissolution autoritaire (1). » — JOURNAL D'UN PROVINCIAL, *pages* 349-350.

Louis XIV n'excusait pas 1871 ; il n'a pas excusé 1875 ; il n'excuse pas 1877.

(1) J'ajoutais, en 1875, en retrouvant le souvenir et les paroles : J'aime à revenir sur ces mots. L'esprit public gagnerait certainement à l'adoption générale de ce sentiment que les hommes acceptant de remplacer, dans les Commissions dites municipales, leurs concitoyens régulièrement élus pour la gestion des intérêts communaux, ne peuvent être d'honnêtes gens. — Il y a trahison envers les villes dans tout ce qui tend, de la part d'un citoyen, à méconnaître, à tromper l'antique et commun droit des villes. Le péril devant l'ennemi peut seul justifier, et par exception, une sortie des scrupules civiques.

« Je ne suis pas fâché de retrouver ces sentiments exprimés par moi

1871.

1er Janvier 1871. — « M. Émile Magnier est cet homme de grand cœur, etc...... »

Le legs de M. Émile Magnier n'a pu être recueilli par la ville d'Abbeville, mais de généreuses idées ont été jetées par cet émule des fondateurs picards, Gaillard d'Auberville, Boucher de Perthes, E. Parmentier, Albert Dumont, et les idées porteront leurs fruits.

9 Février 1871. — « L'officier que j'ai le malheur de loger aujourd'hui .... admet sans aucune réserve la grande et utile action de notre révolution du dernier siècle sur le monde européen. Je ne suis pas éloigné de croire qu'il regarde l'Allemagne du Nord comme notre continuatrice et, — je tremble en écrivant ces lignes, — qu'il considère notre mission à venir comme bien diminuée. » — JOURNAL D'UN PROVINCIAL PENDANT LA GUERRE, *pages* 369-370.

Ainsi je jouissais du témoignage rendu par un

le 7 et le 18 décembre 1870. » — APPENDICE AU JOURNAL D'UN PROVINCIAL, *pages* 19-20.

Et maintenant donc !

Non, l'expression vive de sentiments que je n'étais pas fâché de retrouver les mêmes en 1875 qu'en 1871, n'a rien qui puisse me déplaire en 1877.

Peu de Commissions municipales revenant au jour voudraient se reconnaître dans les souvenirs qu'elles ont laissés. Qu'étaient-ce que les trente complaisants d'Athènes surnommés les trente tyrans, sinon une Commission municipale substituée violemment aux archontes élus ?

étranger, un ennemi, à l'initiative française, et je me roidissais, incrédule, volontairement incrédule, contre la confiance et les espérances germaniques.

Hélas ! c'est après la délivrance que la satisfaction est tombée, et je retrouve dans l'Appendice un vœu et des paroles inquiètes : « Puisse l'esprit ne pas nous faire défaut ! Quelle chute pour notre ambition, si la France était remplacée dans le monde par la Prusse, si les signes de l'avenir attendu n'étaient plus attachés à notre drapeau tricolore, mais au drapeau noir et blanc ! »

L'esprit déjà ne semblait plus prendre force en souflant en avant, mais s'amoindrir en retournant en arrière. Je dis mal. Il y avait directions différentes. L'ancien courant persistait dans la région qu'emplit la vie, mais, dans l'air plus rare et plus froid, un autre tournait, trop visible au mouvement des nuages officiellement supérieurs de la nation. Et nous étions loin encore de 1877. Si nous avions été témoins d'efforts déjà invraisemblables pour remonter les jours, nous n'avions pas assisté à la reprise désespérée d'une tentative qui rappelle, contre un siècle en plein cours, celle des poissons des gaves contre les hautes cascades. L'Arabie reniant l'Hégire, l'Angleterre la liberté rendue à sa conscience en 1648, les descendants des Grecs de Marathon leurs sept années de lutte, ne seraient pas plus incompréhensibles et coupables que la France conspuant le Jeu de Paume.

Nous avons d'autres vœux à former pour notre mère convalescente, la France :

Mère, garde à la fois vaillance et patience ;
Forge le fer, soit force et sagesse et science ;
Enseigne ; et, s'il te faut quelque jour un tombeau,
Nous le voulons si grand que, du faîte, un flambeau,
Lançant au loin, sans fin, prodigue, onde sur onde,
Flots sur flots, ses lueurs, puisse éclairer le monde.

9 Février 1871. — « J'aurai plus tard à écrire une histoire des élections de 1871. Simple remarque aujourd'hui ; le Comité libéral dont beaucoup de membres se croyaient et même étaient sincèrement libéraux, — je puis en parler en ayant fait partie, — s'est appelé quelques mois plus tard *Conservateur libéral*. Il soutenait cependant encore un candidat du centre gauche. Quel nom prendra-t-il à la première occasion ? » — APPENDICE AU JOURNAL D'UN PROVINCIAL, *page* 20.

1876. — Ce nom est dès aujourd'hui *Comité conservateur* tout court, mais cette appellation n'est aucunement exacte. Les membres qui le composent ou le composeront cherchent encore, ou hésitent à prendre, le vrai nom de leur association. Quant au nom de *Conservateur*, il est bien le moins proprement choisi qui puisse maintenant être adopté par eux.

1877.—Le nom de *Conservateur* n'a pu être changé, mais quelles révolutions politiques et religieuses couvre-t-il maintenant ?

27 Février 1871. — Souvenir des élections faites sous la pression administrative en 1863 et en 1869 : « Que de regrets quand on songe que les élections de 1863 et celles de 1869, moins dirigées dans toute la France, eussent prévenu sans doute tant de malheurs ! » — La déclaration de guerre, la défaite préparée par les tromperies sur l'armement, sur le nombre des hommes, l'invasion, etc.

J'ajoute aujourd'hui (juin 1877) : Combien faudra-t-il encore de leçons pour décider le patriotisme et la probité des gouvernements à laisser aux électeurs le choix tout à fait libre de leurs représentants ? Verra-t-on toujours des gens s'amuser à briser tous les ressorts d'une bonne machine, à retirer du foyer la houille puissante pour la remplacer par du petit bois ?

13 Mars 1871. — « Le Gouvernement a fait dire dans le *Journal Officiel* du 8 : « Le Gouvernement met son honneur à fonder la République. Il la défendra énergiquement avec le ferme dessein de lui donner pour base le crédit : » JOURNAL D'UN PROVINCIAL, *page* 426. — L'Assemblée laissait dire cela. Je ne sais si elle avait raison ou tort, mais de quel droit devait-elle, ayant laissé parler ainsi, comploter elle-même deux ans après pour renverser le régime qu'elle consentait, par un acquiescement de silence au moins, à défendre en 1871 ? Etait-elle donc simplement hypocrite dans le danger de 1871 ou voulait-elle laisser au nom de la République l'odieux de la paix qu'elle-même, Assemblée, était dans la nécessité de conclure ? Calcul misérable, en ce cas, et où la générosité du pays ne s'est pas laissé prendre.

C'est cette même Assemblée qui (je retrouve le mot un peu plus loin, page 445), invoquait dans une proclamation adressée au peuple et à l'armée « ce noble mot de République qui n'a de sens qu'avec l'inviolable respect du droit et de la liberté. » Elle avait certes le droit de n'être pas républicaine, mais, après s'être ainsi prononcée, ne devait-elle pas abandonner à d'autres le soin de renverser cette république supposée par elle antipathique au pays ?

8 Avril 1871. — Les bois de Chaville, voisins de Versailles, doivent prendre leur première teinte verte, mais, au lieu de sentir les feuilles nouvelles, ils ne sentent maintenant que la poudre.

L'Assemblée a tenu bon et n'aura pas le sort de Louis XVI.

Nos troupes entreront bientôt dans Paris, espérons-le ; mais autre danger, — je le pressens à la rage vindicative de quelques uns de nos concitoyens,

— l'Assemblée, toute l'Assemblée saura-t-elle bien rester de son temps? Ces fous de l'émeute, ces fous du rêve, nous appellent les *ruraux*. C'était déjà le mot des chrétiens contre leurs derniers adversaires, les récalcitrants à leur foi, *pagani*, les ruraux. Je désirerais bien, dans mon coin de philosophe, que l'Assemblée pensât qu'elle a seulement à combattre une hérésie, non à culbuter une religion, notre religion libérale, toute notre histoire de quatre-vingts ans en çà. Je vois ici des gens qui me font peur, qui reviendraient volontiers à Mérovée....

J'envoie ces pensées clémentes à un député de mes amis en lui communiquant l'espoir que les arbres de Chaville conseilleront doucement et pacifiquement les députés quand le canon se taira.

22 Avril 1871. — « La commune supprime les journaux, ce que l'Empire n'a pas fait de la même façon du moins. » Et en note dans le JOURNAL publié en 1874 : « Qu'a donc fait depuis M. de Broglie à l'aide de l'état de siége oublié et réveillé par lui dans beaucoup de départements? M. de Broglie a imité, non l'Empire, mais la Commune. »

Aujourd'hui M. de Broglie, ou M. de Fourtou, sans négliger les occasions d'obtenir des tribunaux justes mais sévères la mort temporaine des journaux — la suspension — attaque surtout la presse qui le contrarie en détruisant ses moyens de distribution. — Juillet 1877.

27 *Avril 1871.* « A l'occasion des élections (municipales il est vrai seulement) qui vont être faites par toute la France, le ministre de l'intérieur, M. E. Picard, a adressé aux préfets une circulaire dans laquelle nous lisons ces sages paroles qu'il est honteux pour notre passé d'avoir à louer, qui seront désormais celles de tous les ministres, ou plutôt qui deviendront inutiles et seraient regardées comme injure par les fonctionnaires futurs respectueux de droit et des plus délicates libertés : « L'Assemblée nationale a voulu que ces éléctions se fissent librement et ne pussent, à aucun degré, être considérées comme l'œuvre d'un parti. Le gouvernement n'a pas d'autre pensée ; il vous recommande de veiller à ce que la liberté des électeurs soit complète ; il ne vous impose d'autre devoir que celui d'assurer la pleine exécution de la loi. » — JOURNAL, *pages* 478 *et* 479. A rapprocher des remarques sous la date du 8 Octobre 1870. — Plus haut, *pages* 13-14.

Cette sagesse était celle des hommes qui, ayant souffert pendant dix-huit ans des pratiques de l'Empire, avaient appris à les condamner et étaient trop honnêtes pour y revenir dans leurs cabinets de ministres. Mais que de benoîtes illusions dans ma note du 27 Avril 1871 : « *qu'il est honteux pour notre passé d'avoir à louer.* » Ne devrais-je pas écrire aujourd'hui : qu'il est honteux pour notre présent et pour notre avenir peut-être d'avoir à louer ? « *qui seront désormais celles de tous les ministres.* » Que l'on compare donc avec les circulaires de MM. de Broglie et de Fourtou. « *Ou plutôt qui deviendront inutiles et seraient regardées comme injure par les fonctionnaires futurs respectueux du droit et des plus délicates libertés.* (1) » J'aimerais assez à consulter maintenant sur cette phrase MM. les fonctionnaires de nouvelle et abondante création.

1872.

31 Janvier 1872, Paris. — Les observateurs ont occasion fréquente de noter bien des incohérences dans les esprits, dans les sentiments, et des contradictions très-singulières dans les idées, dans les jugements, incohérences et contradictions qui dénoncent avec des lacunes de logique une malveillance systématique, bien qu'inconsciente, chez les plus

(1) « . . . . rien ne sera perdu, écrivais-je le 29 octobre 1873, tant que les fonctionnaires nouveaux renieront les exemples de leurs aînés faméliques ; tant que, renonçant à chercher comme leurs prédécesseurs de l'Empire des dots de sous-préfectures en sous préfectures, des fauteuils de Sénat (1) de préfectures en préfectures, ils auront pudeur des services bas et enverront leur démission au Ministre qui leur proposerait de se commettre dans les choix, dans le droit sacré des électeurs. » — APPENDICE, *page* 55.

Rien ne serait perdu, écrirais-je aujourd'hui, quand bien même le droit sacré aurait à s'exercer dans des conditions renouvelées de l'Empire. — Juin 1877.

(1) Le 29 octobre 1873 on ne savait pas encore que les nouveaux fauteuils seraient donnés par l'élection et que les émoluments réduits — de cela on se doutait bien cependant — les rendraient moins enviables.

honnêtes. A qui n'est-il pas arrivé de rencontrer des gens qui, à trois minutes d'intervalle, vous disent : « C'est égal, si on avait eu un général d'inspiration, l'affaire eût tourné tout différemment ; les Prussiens, même après la reddition de Metz, étaient perdus, etc. ; puis : « Ces hommes du 4 Septembre sont des sots. Il fallait faire la paix ; il fallait dire à la France : nous n'avons plus rien dans nos arsenaux ; » etc. Ainsi, quand la fibre française frémit, ils vous assurent qu'avec un bon général on pouvait ressaisir la victoire, et, quand la haine politique reprend le dessus, ils vous affirment que tout était perdu dès le désastre de Sedan.

Perdu ou non perdu, il y avait mieux et plus haut pour les cœurs français. Nous avons quelquefois, paraît-il, trop parlé de gloire, trop sacrifié de sang à ce mot pour lequel les étrangers, — les Allemands du moins, — nous raillent. Laissons donc la gloire de côté, mais ne laissons jamais descendre dans notre esprit le mot honneur.

L'honneur, au mois de septembre 1870, parlait mieux en un cœur vraiment français que tous les raisonnements vrais ou faux, que les événements même, et que les hommes, MM. de Bismark ou Favre, et nous avons vu M. Guizot, le 23 octobre 1870, comprendre encore ainsi la situation (1).

(1) Sans notre défense de 1870-1871, nous aurions à rougir maintenant devant les Turcs qui, sur leur territoire envahi, assiégent des montagnes, les Balkans.

1873.

L'année 1873 a dû être pour beaucoup d'hommes l'année de la désillusion. Je la retrouve toute et toute expliquée pour moi, cette désillusion, en deux petites brochures : VERS DE 1873 et APRÈS LES PRUSSIENS.

S'il y a eu faute de ma part, je ne parviens pas à me condammer. J'avais trop cru, dans ma candeur de solitaire, à des hommes dont M. de Broglie est le meilleur modèle vilainement réussi, libéraux sous l'Empire, mais depuis......

Je ne me sens nulle honte d'avoir été dans les naïfs. La malice qui prévoit est trop près souvent de la malice complice. Il est sain d'être tout bêtement honnête.

3 *Juin 1873*. — Un député répondant à mes craintes m'a écrit de l'Assemblée le 1er juin : «.....Que diriez-vous si les conservateurs prouvaient, dans quelques mois, que le seul obstacle à l'établissement d'un gouvernement raisonnable, tolérable, habitable, fût-ce même républicain, était M. Thiers ?....... C'est pourtant là l'éventualité la plus probable. Calmez-vous donc, applaudissez le 24 Mai qui est une journée parlementaire honorable pour tous les parlementaires et les libéraux comme nous, et priez Dieu que nous soyons toujours aussi fermes et aussi sages. »

Je doute et je réponds : Nous verrons (1).

1er *Juillet 1873.* — Mot à un député : « Vous allez bien : Approbations de circulaires véreuses (2), suppressions de journaux (3), vengeances réchauffées (4), persécutions religieuses (5). — Continuez. » — Appendice, *page* 50.

N'était-ce pas bientôt en effet oublier les griefs contre les procédés de l'Empire? N'était-il pas bien tard aussi pour tant se souvenir?

La lettre du 1er juillet à un député me fait rechercher une note du 6 avril 1871 écartée du Journal d'un provincial comme trop personnelle à moi par un souvenir rappelé; mais je ne suis pas fâché aujourd'hui de retrouver fixés à leur date des sentiments de miséricorde et de clémence éprouvés aux heures encore poignantes des coups de fusil et du canon (6).

Voici cette note du 6 avril 1871 :

Une lettre particulière de Versailles, datée du 4, n'apprend rien à Abbeville que les dépêches ne nous aient appris, sauf un fait et un chiffre : «..... Nous

(1) Qu'est-il arrivé? Qu'a-t-on vu jusqu'à la pénible production du plus effacé des conservateurs, M. Wallon?

(2) La circulaire secrète et chiffrée aux préfets dont la divulgation amène si piteusement à la tribune M. Beulé.

(3) Suppression du *Corsaire*, la première de plusieurs autres.

(4) Poursuites contre M. Ranc.

(5) Arrêté du préfet de Lyon contre les enterrements civils approuvé par l'Assemblée.

(6) Avant les incendies, il est vrai, mais miséricorde et clémence n'excluent pas la poursuite et la punition légale des crimes.

savons que, il y a trois heures à peine, leur général Duval a été fusillé sans merci, que nous avons fait jusqu'à présent 2,500 prisonniers ; que la plaine est couverte de fuyards, ces brigands-là n'avisant jamais le grand jour...... » N'y a-t-il pas dans ces paroles un peu d'accent bien farouche et d'injure passionnée? Si on a fusillé, s'il y a eu nécessité à cela, çà été une nécessité solennelle et dont il ne faut parler qu'avec une triste gravité.

Je me souviens qu'au mois de Juin 1848, les volontaires d'Abbeville se rendaient à pied de Saint-Denis à Paris. Nous rencontrâmes un jeune homme de fière mine ouvrière, en blouse, venant sur un bas-côté du chemin. Notre premier peloton l'arrêta ; on le soupçonnait d'être insurgé et fugitif — la seconde qualité ne devait-elle pas atténuer la première? — On examina ses mains qui, je crois, bien, n'étaient pas exemptes de taches noires suspectes. Quelques-uns parlaient de le ramener prisonnier vers Paris qu'il quittait. J'insistai pour qu'on le relâchât et cet épisode de notre expédition abbevilloise est un des bons souvenirs que j'aie (1).

(1) Qu'il est bon en quittant la prose mauvaise de revenir à ses poëtes. C'est un poëte, M. Coppée, qui, à Paris même, dans ce mois d'avril, vers la date sans doute où nous sommes, j'entends le commencement d'avril 1871, conjurait en vers cléments la guerre civile, adjurait l'émeute, s'efforçait de délivrer de l'emblème, déjà repoussé vingt-trois ans plus tôt par un autre poëte, le sombre palais

au toit duquel palpite
Un drapeau rouge dans le ciel.

15 Décembre 1873. — Le préfet de la Somme, M. L. Burin du Buisson, a dissous le cercle départemental de la ligue de l'enseignement :

« Nous, préfet de la Somme,

« . . . .

« . . . .

« *Amiens, le* 3 *Décembre* 1873. »

Signé : « L. BURIN DU BUISSON. »

Si Pilate avait eu à sa disposition les lois visées par M. Burin du Buisson, se serait-il cru forcé de concéder le crucifiement aux fureurs conservatrices de son temps et du pays juif ? N'aurait-il pas trouvé moyen de supprimer l'agitation différemment, d'étouffer le bruit, d'arranger l'exécution en douceur?

La France, sollicitée par le poëte tentera de déchirer
Ce décret, cet ukase affreux
Ecrit par une main noire encor de l'amorce
Qui provoque au combat fratricide...........

Elle visite les ôtages; elle plane avec les yeux du poëte sur la ville déserte, morne, où le silence n'est rompu que par le bruit lointain du canon, et, s'emparant des paroles du poëte, elle crie aux hommes égarés de l'armée parisienne :

La paix ! faites la paix ! Et puis pardon, clémence ;
Oublions à jamais cet instant de démence.
Vite à nos marteaux. Travaillons.
Travaillons en disant : c'était un mauvais rêve.

Enfin elle fait entrevoir à ses fils la revanche, le Rhin ; les fait parler eux-mêmes :

Alors, ô jeunes fils de la vaillante Gaule,
Nous jetterons encor le fusil sur l'épaule
Et, le sac chargé d'un pain bis,
Nous irons vers le Rhin pour laver notre honte.
Nous irons furieux comme le flot qui monte
Et nombreux comme les épis.

FRANÇOIS COPPÉE, *Plus de sang*, *Paris*, *Avril* 1871.

17 Décembre 1873 (APPENDICE, *page* 57). — Les actes de cette Assemblée continuant à porter des fruits, je rétablis le vers absent :

> Elle est jugée enfin cette Chambre sortie
> Du castel, de la roche et de la sacristie.

6 Juin 1873. — Nous voyons dans un journal d'Amiens qu'une chanson, *Histoire du Pèlerinage de Chislehurst*, est répandue dans les villages de l'arrondissement d'Amiens. On ne poursuit pas les colporteurs de cette misère propagandiste et pas un défenseur de la parole dite ou chantée ne demandera qu'on les inquiète, mais qu'un aède, un rhapsode, aille déclamer dans les mêmes villages, des vers d'Hugo, la délicatesse littéraire de MM. les administrateurs ne se sentirait-elle pas désagréablement émue ?

1874.

28 Juillet 1874. — Plusieurs de mes concitoyens qui ont quelque confiance en moi et en qui j'ai toutes les raisons de me fier complètement sont venus me proposer, au commencement du mois dernier, une candidature au Conseil général. Les personnes qui m'ont ainsi fait l'honneur de me disputer au repos ne m'ont demandé d'affirmer rien qui dépassât ma pensée. Moins préparé que d'autres à la tâche, j'ai cédé aux instances parce qu'il y a intérêt à déplacer des majorités dans le département.

Les élections sont prochaines, mais on ne sait encore quand le ministère convoquera les électeurs.

S'occuper de circulaires, de bulletins, entendre parler de pointages, n'est pas d'un amusement vif. Cet avenir gai d'un nombre indéterminé de semaines suffirait pour m'envoyer à Stockholm si mon paquet de voyage n'était fait depuis longtemps.

Je pars demain.

7 Août 1874. — Stockholm. La fête d'Hasselbacken, page 65 de l'APPENDICE. Après le discours du délégué de l'Islande, j'entends ces paroles françaises qu'un peu d'exaltation expansive adresse au comte Henning Hamilton, grand chancelier des Universités suédoises : Vous êtes bien heureux, Monsieur, de vivre dans un pays qui n'a pas peur de sa liberté.

15 Août 1877, Stockholm.— En voyage, le temps, les yeux, l'esprit sont dûs au pays visité, car pourquoi voyager, si ce n'est pour voir et pour apprendre? Oui sans doute, pour voir et pour apprendre, mais au profit de sa pensée et de sa raison, et, si transporté qu'on soit hors de sa latitude, on ne peut pas ne pas emporter en soi son pays avec quelques-unes des préoccupations de ce pays. C'est à Hasselbacken, ayant sous les yeux Stockholm tranquille et aussi le jardin où dernièrement le délégué de l'Islande soulevait les applaudissements devant la statue de Bellman, que l'idée me vient de griffonner sur mon carnet quelques réflexions inutiles en Suède — pour les Suédois.

Je pense à nos batailles de partis, et la tribune d'Hasselbacken me donne peut-être le désir de paix, de politesse, de fermeté patriotique, le ton.

Au retour je serai bien obligé d'écrire quelques phrases comme candidat; aujourd'hui, il me prend fantaisie d'écrire quelques phrases comme électeur; le *Manifeste* de l'électeur.

Toutes les fois qu'une élection s'annonce, les électeurs libéraux devraient publier cette profession de courtoisie.

« Au nom de la loyauté qui ne cède rien; de la franchise qui ne trompe pas, et, ajouterons-nous, au nom de la politesse qui ne fait que les concessions permises, nous déclarons respecter et honorer les personnes et nous déplorons les nécessités du combat contre plusieurs que nous aimons et estimons. Nous respectons et honorons aussi les opinions, mais il en est que rien ne saurait sauver, pas même leur sincérité. Cette sincérité ne les rend pas meilleures et notre devoir est d'en empêcher le triomphe. Nous ne choisirons donc pas nous-mêmes nos candidats; nous ne les connaissons ni ne voulons les connaître encore. Ce sont des conditions qui, refusées ou acceptées, nous détermineront. Nous ne repoussons pas des hommes mais des doctrines.

« Nous ne pourrons jamais, par exemple, quelle que soit la valeur d'honorabilité ou de vertu des hommes qui se présenteront à nous, accepter pour candidats ceux qui repousseront le drapeau rendu cher par les libertés conquises, et par les victoires et par les défaites mêmes ;

« Ceux qui renieront la révolution qui a mérité particulièrement le nom de Révolution française ;

« Ceux qui n'accepteront pas comme des droits absolus la liberté de conscience, la liberté des cultes, la liberté des livres, la liberté de la presse ;

« La liberté des élections. »

2 Septembre 1874. — Les conservateurs ne sont plus que des affolés de réaction, c'est-à-dire de destruction.

Exemple : M. de Guerle (1).

En quel mépris avions-nous, sous le gouvernement du roi Louis-Philippe, les pauvres Russes parce que leur empereur ne leur permettait pas, disait-on, de

(1) Le préfet de la Somme, M. de Guerle, envoyé à Toulouse, n'a pu y rester, ayant en qualité de protestant porté ombrage à l'évêque de ce pays; il n'a pu rester à Bordeaux pour une raison analogue. Ainsi, sous notre régime d'egalité des cultes, un protestant ne peut être préfet. Que l'on biffe donc de nos institutions l'article qui rend toutes les fonctions accessibles aux Français de toutes les confessions. De nos jours un ministre de l'instruction publique refuserait peut-être à M. Guizot une place d'instituteur primaire.

recevoir le *Charivari!* Aujourd'hui, nous voici revenus à ce temps de la Restauration où les hommes les plus recommandables étaient injuriés parce qu'ils favorisaient l'établissement d'une école *mutuelle* à Abbeville. Le mot républicain n'existe plus ; il est remplacé par *rouge, radical*, quand on ne va pas jusqu'à communard.

Les injures sont paroles de prédication, mais contre ceux qui les profèrent.

18 Septembre 1874. — La période électorale est ouverte pour le renouvellement partiel des Conseils généraux. J'acquitte ma promesse de juin en adressant aux électeurs une circulaire que ces mots résument :

« Je suis conservateur, mais je pense que ce qu'il faut conserver surtout, ce sont les acquisitions faites depuis quatre-vingts ans dans l'ordre politique, dans l'ordre civil et dans les mœurs, acquisitions remises quelquefois en question et en péril.

« Je suis convaincu que les institutions de liberté et de justice ne sont pas incompatibles avec des régimes divers, mais je ne suis pas moins convaincu, que, dans la situation actuelle, tous les intérêts moraux et matériels conseillent l'organisation constitutionnelle de la République.

« C'est par cette lettre seulement, pendant la période de l'élection, que je crois convenable de me mettre en relation avec les électeurs. Je sens trop les égards dus à l'indépendance de chacun pour penser qu'il soit permis à un candidat de s'offrir au jugement de ses concitoyens par des manifestations autres qu'un petit nombre de paroles, les mêmes pour tous et les plus claires possible. »

26 Septembre 1874. — Lettre à un député : « En êtes-vous bien convaincu enfin que la lutte se circonscrit rapidement entre les Bonapartistes et la République ?

« On ne saura jamais tout le mal que nous a fait M. de Broglie, une de nos espérances cependant sous l'Empire. » — APPENDICE, *page* 69.

1874 pouvait-il mieux avertir déjà 1877.

30 Septembre 1874. — Beaucoup d'affiches pour ou contre ma candidature ramenée du lac Mœlar couvrent les murs (1). Je remercie mes amis de celles qui m'appuient ; je ne m'occupe pas des autres.

(1) Quelques incidents de la période électorale.

Les amis qui m'ont proposé la candidature la soutiennent vaillamment. Un d'eux vient de répondre sur les murs à un article qui a jeté dans la discussion le mot de *radicalisme* :

ÉLECTEURS
DU
CANTON NORD D'ABBEVILLE,

. . . .

. . . . il faut s'entendre; ce mot (*radicalisme*) revient souvent dans la bouche de ceux qui veulent monopoliser à leur profit le titre de conservateur; mais quel est donc le plus Conservateur de celui qui attend tout du hasard, et de celui qui dit : « Je fais appel au

1er Octobre 1874. — Notre sous-préfet M. Jaubert veut faire du zèle. Il oblige ses pauvres agents à des actes dont leurs yeux et le ton de leurs paroles font amende apitoyante. Le commissaire de police s'est présenté hier porteur d'un avertissement verbal dans le bureau d'un journal de la ville. Un groupe d'électeurs a immédiatement fait afficher :

« A MESSIEURS LES ÉLECTEURS DU CANTON NORD.

« M. le Commissaire de police d'Abbeville s'est présenté dans les bureaux du journal *le Pilote de la*

patriotisme, aux lumières de mes concitoyens, et je les prie au nom de la patrie commune, au nom de leurs propres intérêts, de ne rien laisser dans l'avenir, aux surprises du hasard. »

Depuis tantôt un siècle, la France a tenté tous les essais ; elle a subi tous les malheurs, traversé tous les excès. Elle veut aujourd'hui faire profiter l'avenir des cruelles leçons du passé. Elle veut la paix, l'ordre, le travail, la liberté dans les limites de la justice, du respect des droits et de la conscience de chacun.

Elle veut que les forces vives du pays soient utilisées au profit du pays lui-même ; que l'infranchissable barrière des lois empêche l'ambition ou l'aveuglement d'un seul homme de noyer la France dans des mares de sang : que le gouvernement et la nation marchent dans un parfait accord, vers un but commun, qui est l'intérêt général ; elle veu réaliser cet idéal vainement poursuivi depuis tant d'années, en fondant des institutions durables respectées de tous et profitables à tous.

ÉLECTEURS DU CANTON NORD,

FEREZ-VOUS UN REPROCHE A M. PRAROND DE S'ÊTRE ASSOCIÉ AVEC LA JUSTESSE D'UN ESPRIT INDÉPENDANT, HABITUÉ AUX SÉVÈRES MÉDITATIONS DE L'ÉTUDE, A SES GÉNÉREUSES ASPIRATIONS? HÉSITEREZ-VOUS ENTRE LE CANDIDAT QUI AFFIRME CE QU'IL EST ET CE QU'IL VEUT, ET. . . . . . . (1) ?

UN ÉLECTEUR.

J'aurais à m'excuser de recueillir cette manifestation dont je ne puis que m'honorer trop, si ce n'était d'abord un moyen pour moi de me conserver présent le témoignage d'une amitié précieuse ; puis, si la première partie de cette manifestation ne renfermait de sages leçons.

(1) Je supprime ce qui ne me regarde pas dans ce placard.

Somme, le mercredi 30 septembre, il a notifié au Directeur du journal que le numéro du mardi 29 avait déplu.

« Une notification de ce genre, en présence de l'état de siége où nous nous trouvons encore, a une gravité qui ne saurait échapper aux Électeurs. Est-ce donc ainsi que la liberté de la discussion des actes politiques et administratifs des Candidats est comprise et respecté ?

« . . . .

« C'EST A VOUS, ÉLECTEURS, QU'IL APPARTIENT D'AFFIRMER VOTRE INDÉPENDANCE EN VOTANT, etc. . . .

. . . .

« UN GROUPE D'ÉLECTEURS. »

2 Octobre 1874. — Deux faits auxquels j'attache quelque honneur me sont reprochés. Je ne puis plus garder tout-à-fait le silence et je livre à une nouvelle circulaire quelques alinéas de petite histoire municipale (1).

(1) A MESSIEURS LES ÉLECTEURS DU CANTON NORD D'ABBEVILLE.

Messieurs,

Un journal de ce soir exploite contre ma candidature deux faits dont j'ai déjà maintes fois donné les raisons et que rien ne m'engage à désavouer.

Je n'ai qu'une heure pour répondre ; je la saisis.

J'ai donné, un jour, ma démission du Conseil municipal et, un autre jour, ma démission d'une Commission administrative.

Il entre dans le jeu de certaines personnes de feindre l'oubli et de demander pourquoi.

J'ai de la mémoire toute prête pour ces personnes.

Première réponse :

Je pense que la plus haute place dans l'estime publique appartient aux

4 Octobre 1874. — Il ne me reste plus qu'à remercier les libéraux électeurs du canton nord d'Abbeville (c'est ce que j'ai fait dans une lettre que les journaux ont bien voulu leur faire parvenir). Partout, dans la ville et dans les villages, excepté à

corps élus, et je crois que ces corps, par respect pour les Électeurs, non moins que pour eux-mêmes, doivent avoir la jalousie de leurs droits, et cette jalousie, quand je fais partie d'un de ces corps, je la sens très-vivement.

J'ai donné ma démission du Conseil municipal en 1860 par suite de circonstances qu'il n'est pas nécéssaire d'être bien vieux pour connaître. Alors un Maire engageait la Ville dans une dépense de plus de 20,000 francs pour une entrée ou une fête du Chef de l'État, et quand je proposais de ne demander à la Caisse de la Ville que la somme votée pour les précédentes entrées ou fêtes, je ne pouvais faire inscrire au procès-verbal une observation d'économie si simple. Or, qu'est-ce qu'un procès-verbal où ne peuvent être reproduites les protestations qui tendent à sauvegarder les deniers communs contre les prodigalités, en d'autres termes, contre les aggravations de charges? Que dirai-je encore? Nos registres municipaux sont pleins d'*adresses* que je n'apprécierai pas dans ces mots, mais auxquelles le Conseil n'adhérait pas unanimement. Que l'on ouvre ces registres, nulle trace de discussion. Pas plus que moi, ceux de mes collègues qui n'approuvaient pas les textes proposés ne pouvaient obtenir que le dissentiment fût constaté par un compte inscrit des voix. — Je n'ai plus trouvé la situation possible ; je me suis retiré sans protestation d'apparat, par une lettre au Maire dont j'ai conservé la copie et que doit garder un carton de la Mairie (1).

Seconde réponse :

Membre de la Commission administrative en 1871, je demandai, par respect encore pour le principe électoral, que l'ancien Conseil élu rentrât dans ses fonctions. Je suis le premier à reconnaître les services qu'a rendus cette réunion d'hommes recommandables et dévoués (2) mais la majorité de cette commission n'ayant pas voulu, après une délibération dont j'ai noté les détails, insérer, en définitive, dans ses procès-verbaux les paroles auxquelles je m'étais restreint en faveur de l'ancien Conseil, j'aurais cru manquer à un engagement pris personnellement par moi devant mes collègues avant la formation de la Commission, si je n'avais pas résigné mes fonctions.

(1) Plus tard en 1865, j'ai protesté contre certains procédés de l'administration impériale portant atteinte à la franchise électorale : *Retour sur les dernières élections*, etc. Amiens, imprimerie de Lenoël-Hérouart, 1865.

(2) Dans un volume qui paraîtra sous peu, j'ai rendu la justice très-méritée aux travaux de cette Commission, aux services de chacun de ses Membres, depuis le jour où elle est entrée en fonctions jusqu'au jour où le Conseil actuel fut installé.

Laviers (1), ils ont pu montrer qu'ils formaient une belle majorité. Pendant tout le cours de la période électorale, je me suis abstenu, suivant ma promesse du 18 septembre, de toutes démarches auprès d'eux. Ils m'ont su gré de cette réserve. Leurs suffrages me demeureront doublement précieux ainsi que je le leur écris. J'ai à remercier en même temps qu'eux un de mes plus anciens amis, M. Charles Louandre, de la

Voilà, on me force à le dire, comment j'entends le respect dû aux Électeurs.

Le moment rapproché du scrutin ne me permet pas le développement des faits qu'il m'a fallu rappeler, mais l'histoire existe toute faite, sous ma main, avec les pièces justificatives au service des contradicteurs.

Que les personnes qui ont la bienveillance de s'inquiéter dans ce dernier quart-d'heure se rassurent donc. Si dans le cours de ma vie je suis appelé à faire partie de quelque Conseil élu, je ne signerai sans doute pas beaucoup d'adresses d'un certain genre, mais je ne laisserai jamais péricliter l'honneur que m'auront fait les Électeurs, et, en maintenant mon indépendance, je serai sûr de ne pas compromettre la leur. Je ne pécherais, certains cas échéant, que par excès de scrupules.

C'est ce que ma première lettre, Messieurs les Électeurs, vous a certainement fait comprendre et ce que je ne rappelle qu'aux personnes qui oublient systématiquement.

Agréez, Messieurs les Électeurs, l'expression de mes sentiments dévoués.

E. Prarond.

Mardi soir, 2 Octobre 1874.

(1) Les opérations électorales de Laviers ont donné lieu à une discussion de droit que je retrouve dans le *Journal d'Amiens* du 26 Octobre :

QUESTION A UN JURISCONSULTE SUR UNE INTERPRÉTATION DE LA LOI ORGANIQUE DÉPARTEMENTALE DU 10 AOUT 1871.

Les électeurs d'un canton, lorsqu'ils ont a élire un mandataire commun, ont-ils le droit de surveiller les operations électorales dans toutes les sections où le scrutin est ouvert, c'est-à-dire dans toutes les communes du canton qui prennent part à l'élection ? Cela ne semblerait pouvoir faire doute. L'article 15 de la loi organique départementale du 10 Août 1871 porte, en effet :

« Les élections peuvent être arguées de nullité par tout électeur du « canton.

« Si la réclamation n'a pas été consignée au procès-verbal, elle doit « être déposée au secrétariat général de la préfecture. Il en est donné « récipissé. »

chaleur de cœur avec laquelle il a prié ceux des électeurs qui lui avaient offert la candidature de reporter leurs votes sur moi.

12 Octobre 1874. — Je retrouve (août 1877) quelques mots d'une lettre adressée à un ami, le 12 août 1874 : ..... « Efforçons-nous de constituer un régime impartial et quelque peu durable . . . . .

« Nous n'avons pas assez d'années pour retirer tant de jours au plaisir de vivre, de lire, d'apprendre, d'essayer de rendre les mots plus sonores et de tenter d'y faire entrer le monde et quelques-unes de nos humbles impressions.

« Philosophie hors de saison d'ailleurs. Qui sait si un coup de ruse ou de force ne se chargera pas de nous rendre avant six ans à nos retraits, c'est-à-dire, en ce cas, à des tristesses qui seront les dernières de notre vie déjà longue? »

Comment donc « tout électeur du canton » pourrait-il arguer les élections de nullité en faisant consigner sa réclamation au procès-verbal, s'il n'avait le droit d'être présent au scrutin? Les auteurs de la loi ont évidemment pensé, et avec raison, que tous les électeurs du canton, étant au même titre intéressés à la régularité des opérations, devaient avoir le droit de les contrôler de leurs yeux partout où ces opérations pouvaient leur donner l'inquiétude de les surprendre entachées de quelque vice.

Cependant, paraît-il, un petit nombre de maires n'acceptent pas cette interprétation naturelle qui ressort de l'esprit et des termes mêmes de l'article 15.

Aux dernières élections, dans l'arrondissement d'Abbeville, un maire n'a pas voulu reconnaître les droits consignés dans cet article pour un électeur du canton qui, n'appartenant pas à sa commune, était venu assister aux opérations. La courte présence de cet électeur dans la salle du scrutin suffit cependant pour lui faire constater quelques irrégularités. Ainsi, par exemple, les bulletins d'un candidat, d'un seul bien entendu,

Août 1877. — Une tentative inattendue fait cheminer de nouveau la pensée vers ces prévisions du 12 Octobre 1874. Espérons que la tentative nous suggère des craintes trop noires, mais soyons prêts et élevons nos âmes pour les tristesses possibles des espérances déçues.

19 Octobre 1874. — La session du Conseil général a été ouverte aujourd'hui. M. Dauphin, élu président, nous a dit en occupant le fauteuil :

« Messieurs,

. . . .

« Depuis votre session d'août 1873, un grand fait s'est accompli : l'Assemblée nationale, usant de son pouvoir constituant, a remis pour sept ans la présidence de la République au maréchal de Mac-Mahon. Cet acte, d'abord diversement apprécié, est aujourd'hui accepté par tous, et quelles que soient les

étaient étalés sur la table du vote devant la boîte. Nous n'insisterons pas sur ce fait ; nous ne voulons qu'un éclaircissement de droit. A peine noterons-nous que la commune où le fait s'est produit (Laviers) est la seule qui ait donné une majorité, mais, il faut le dire, une belle majorite au candidat dont le nom était ainsi exposé aux yeux et à la main des électeurs. Nous ne tirons nulle conséquence de cette remarque. La simple vue de bulletins sur une table, sans autre impression donnée, peut-elle avoir une influence sur l'esprit des électeurs? Ce n'est pas la question ici. Nous voudrions seulement faire appel à quelque sage jurisconsulte sur l'interprétation équitable qu'il convient de donner à l'article 15 de la loi du 10 Août 1871. Nous serions heureux de recevoi une réponse qui pût fixer les électeurs sur leur droit, et les armer, aux elections futures, contre la jurisprudence sortie de Laviers.

Un Électeur.

réserves dont il reste encore entouré, il est facile de pressentir qu'il conduit à une solution définitive. Cette solution, j'espère, quant à moi, pour la tranquillité et la prospérité du pays, que les lois constitutionnelles la donneront daus un avenir prochain, en réglant les conditions de la succession ou de la réélection du maréchal président. Mais s'il en est autrement, il ne peut échapper à personne qu'elle sortira naturellement de cette période de sept années pendant laquelle la forme républicaine aura maintenu l'ordre et les principes conservateurs sous la présidence d'un simple citoyen. C'est cette perspective, plus ou moins consciemment présente à tous les esprits, qui les attire à une œuvre générale de conciliation, dont je serai fier d'être, dans cette enceints, le modeste artisan. »

5 Novembre 1874, Amiens. — Quinze membres du Conseil général ont signé et déposé cette proposition de vœu tendant à la levée de l'état de siége :

« Nous avons l'honneur de présenter au Conseil général le projet de résolution suivant :

« Considérant qu'aux termes de l'article 50 de la loi du 10 Août 1871, le Conseil général peut adresser directement au Ministre compétent, par l'intermédiaire de son Président, les réclamations qu'il aurait à présenter dans l'intérêt spécial du département ;

« Considérant que la question de savoir s'il y a lieu de maintenir, dans le département de la Somme, l'état de siége décrété au mois d'Août 1870, à l'approche de l'invasion, est une question qui intéresse spécialement le Département ;

« Que la loi du 9 Août 1849 porte : « l'état de siége ne peut être déclaré qu'en cas de péril imminent pour la sécurité intérieure ou extérieure ;

« Que le territoire de la Somme étant délivré, depuis plus de trois ans, de la présence de l'ennemi, le maintien de l'état de siége ne peut plus être qu'une mesure d'administration intérieure, et que les circonstances actuelles permettent d'y mettre un terme, sans péril pour la sécurité du Département ;

« Le Conseil général,

« Emet l'avis que le moment est venu de demander à l'Assemblée la levée de l'état de siége dans le département de la Somme, et charge son Président de transmettre à M. le Ministre de l'Intérieur la présente délibération. »

Suivent les quinze noms.

La question préalable est demandée par le Préfet. M. Goblet obtient la parole sur la question préalable et défend habilement, juridiquement, la proposition des quinze membres. Le Préfet persiste à demander la question préalable. Le scrutin public donne pour l'adoption du vœu dix-sept voix : Hamel, Rouge-Hallouin, de Douville-Maillefeu, Caron, Goblet, Labitte, Frichot, F. Petit, du Grosriez, Vion, Mollien, Gambier, Dhavernas, Jametel, Lardière, Prarond, Magniez.

Je n'ai pas à désigner par les noms de mes collègues les vingt voix opposées, deux abstentions, une absence au moment du vote.

6 Novembre 1874, Amiens. — Le vote d'encouragement budgétaire aux bibliothèques communales ne passe pas toujours sans apparence d'hésitation. Il semble, lorsque le mot de bibliothèque est prononcé dans cette salle, qu'un peu de défiance vole dans l'air. Le premier crédit a été voté en 1872. A cette date (31 Août), le débat a occupé une partie de la séance. Il est vrai qu'en 1873, le rapport a obtenu un vote immédiat (Séance du 22 Août). Il y a quelques jours, (30 octobre), le rapport de M. du Grosriez a été moins heureux. Il contenait quelques observations inquiétantes, rappelant un acte gouvernemental récent, le refus d'accorder à la société Franklin le bénéfice de la déclaration d'utilité publique, « acte de nature à mettre en suspicion, auprès des esprits libéraux, les tendances ministérielles sur les questions de bibliothèques. » Il dut être déposé après lecture pour l'étude des membres à qui la demande de crédit avait paru « accompagnée de considérations telles » etc... La discussion est venue aujourd'hui et a été fort longue. Le Préfet a pris la parole d'abord pour exposer les opérations de l'année, puis le débat s'est engagé. Le rapporteur, M. du Grosriez, a dit à l'occasion du catalogue imposé pour le choix des livres :

« .... il y a donc une science officielle, une littérature officielle, une morale officielle ?

« Je ne crois pas que soit par de semblables procédés et en suivant de pareils errements que nous arriverons à développer, dans notre pays, l'esprit d'initiative qui lui manque. On se plaint toujours que nous sommes incapables de liberté, et on ne fait rien pour nous apprendre à penser et à agir par nous-mêmes. Il se présente, aujourd'hui, une occasion de faire preuve d'un libéralisme vrai, et de la façon la moins périlleuse ; il me semble que nous devrions être tous d'accord pour en profiter. » Puis MM. de Rambures, de Neuvillette, Hamel, Béthouart, Jametel, de Butler, Méhaye ont pris la parole en différents sens. M. de Neuvillette ayant enfin présenté un amendement auquel la commission s'est ralliée, la subvention mise aux voix a été votée.

30 Novembre 1874. — Les élections municipales ont eu lieu les 22 et 29. — Beaucoup de listes différentes, beaucoup d'affiches de polémique. Ces élections assez chaudes ont été encore une sorte de petite révolution dans la ville.

1875.

31 Janvier 1875. — Nous allons donc avoir une Constitution ; il n'est que temps. Espérons que l'acte constitutionnel qui sortira des débats de l'Assemblée nationale ne donnera pas prétexte, en pays libres, aux mauvais propos que je découpais en 1863 dans un journal. — Il s'agissait, dans l'opinion du journaliste, du peu de garantie qu'offrirait une Constitution pour la Pologne :

As to a Constitution .... the word has ceased to have a meaning. There are Constitutions with chambers for show, but with neither liberty of the person nor of the press. It is, in fact, the frill without the chemise, the ornemental part of constitutional government without the necessary or solid portion .... After the examples of France, Prussia and Austria, we have no desire to hear talk of a Constitution. — *L'Examiner* repris par le *Galignani's Messenger* du 4 Mars 1863.

1877. — *The fril without the chemise*, n'est-ce pas là encore pour M. de Broglie, pourrait-on croire, tout le commentaire de la Constitution de 1875 qu'il a cependant contribué à coudre ?

2 Mai 1875. — Cette année sera une année de travail politique. Aujourd'hui a eu lieu à Amiens, dans la salle Saint-Denis, une réunion privée qu'a présidée un vétéran des assemblées françaises, M. Gaulthier de Rumilly, aujourd'hui encore représentant de la Somme comme en 1831, comme en 1848. Des discours ont été prononcés par lui et par ses collègues de l'Assemblée nationale, MM. Goblet et Barni. Ces discours font désormais partie de l'histoire de l'opinion dans notre pays. Les historiens du département les retrouveront et les apprécieront un jour. M. Gaulthier de Rumilly, en qui la religion libérale s'est fortifiée depuis quarante-cinq ans de luttes, a pu les résumer ainsi : « Nous ne sommes pas de ceux qui prennent l'inertie pour de la modération et qui croient que la sagesse est dans l'immobilité. »

16 Août 1875, Amiens. — Le président réélu du Conseil général, M. Dauphin, vient de dire à son tour :

« Le département de la Somme est essentiellement conservateur. Toutes les opinions y sont représentées ; elles y luttent vivement les unes contre les autres, aux époques de crise politique. Mais lorsque la solution apparaît, lorsque, après une laborieuse préparation, une constitution définitive est votée, la presque unanimité de nos commettants s'y rattache............ ; les préférences et les préventions cèdent devant le patriotisme et le respect de la légalité, et, partis de points bien éloignés, nous arrivons à nous réunir en un centre commun autour de la République et du Maréchal qui la préside et l'illustre......

« La France ne se relèvera qu'à cette condition.....

« A côté de la défense armée, il y a la défense pacifique d'un peuple qui se possède, qui se gouverne, qui fait corps, et qui, ne voulant plus d'aventures, maintient froidement son droit au dedans et au dehors...... »

Tout cela plus enveloppé de précautions que la partie satisfaite du Conseil ne l'aurait désiré, mais c'est beaucoup déjà pour le président de faire accepter de bon visage ces paroles par la partie moins contente.

1er Septembre 1875. — La loi sur l'enseignement supérieur a été votée en troisième lecture le 12 juillet; elle a été promulguée le 27 du même mois. Aujourd'hui des journaux nous apprennent qu'un livre d'histoire désigné aux bibliothèques communales par M. Duruy, *Petite histoire du peuple français,* de M. Paul Lacombe, vient d'être interdit dans les écoles, sous le ministère de M. Wallon, par le Conseil supérieur de l'instruction publique. Le livre, édité par la maison Hachette, circulait depuis dix ans avec les autres livres classiques de cette maison.

La *Petite histoire* de M. Lacombe est-elle bonne, est-elle mauvaise? je ne la connais pas. Il est toujours permis de dire que l'interdiction vient vite après la loi qui doit donner la *liberté* dans la *haute sphère* des études.

On chicane aussi des candidats aux divers doctorats sur les sujets de discussion qu'ils ont choisis; on supprime des thèses, on rature des diplômes. Le domaine des sciences, des spéculations intellectuelles, a des parties réservées, secrètes, comme un terrain de chasse ou le musée de Naples. Ainsi que de simples cantons de théologie, les vastes étendues de la Sagesse, sarclées ministériellement, ne peuvent plus voir fleurir que des conclusions forcées au bout de questions bien triées. De notre temps, sous nos ministres, le poëte de *la Nature des choses* n'eût pu être reçu docteur. Peut-être vous permettra-t-on une thèse sur Lucrèce, mais Lucrèce lui-même ne pourrait faire donner le bonnet de M. Wallon à Lucrèce. Certes, je comprends que l'on préfère, et je préfère, Platon à Epicure, mais de quel droit des examinateurs de Sorbonne s'attribuent-ils des infaillibilités vaticanes et prennent-ils leurs fauteuils pour des cathèdres ? Il est vrai que tout n'est pas leur faute dans ces prétentions.

31 Octobre 1875. — J'écrivais dans ces notes le 2 mai dernier : cette année sera une année de travail politique. Les représentants de la Somme continuent à prendre chez nous-mêmes leur part de la tâche. Une nouvelle réunion privée a été tenue à Amiens dans la vaste salle Saint-Denis. Présidée encore par M. Gaulthier de Rumilly, elle a entendu des discours du président et de ses collègues de l'Assemblée, MM. Goblet, Barni et Magniez. C'est ainsi que peu à peu et sans danger on habituera la France aux libres pratiques des meetings de l'Angleterre et de l'Amérique.

Décembre 1875. — Nous allons avoir un sénat. Il peut être bon ; du moins, la partie inamovible nommée par l'Assemblée étonnée de son œuvre ne défend pas de le croire ainsi. Je veux l'espérer très-bon. Cependant je prends la liberté d'imiter ces Grecs de Lycurgue qui mettaient les enfants au régime de l'exemple et je lui dédie avec tous les scrupules du respect deux résumés de séances sénatoriales de 1866. Les grandes pitiés de l'Empire n'étaient que faiblement égayées par de telles saynètes.

MOLIÈRE AU SÉNAT.

Séance du vendredi 8 *juin* 1866.

9 Juin 1866. — La *première* assemblée de l'État compte *dans son sein* quelques académiciens, devant lesquels les autres se piquent d'érudition. Un dialogue s'est engagé hier en séance (1) entre deux de ces derniers.

PREMIER SÉNATEUR.

Nous vivons sous un prince....

SECOND SÉNATEUR.

ennemi de la fraude.

Les citations des grands poëtes sont-elles bien prudentes dans les corps politiques ? Molière peut faire songer à Shakspeare.

BRABANTIO.

Thou art a villain.

IAGO.

You are a senator.

(OTHELLO, *scène* 1re.)

---

(1) Séance du vendredi 8 juin 1866. délibération sur le rapport présenté au Senat (par M. Lefebvre-Duruflé) au sujet des pétitions relatives à la délimitation du jardin de Luxembourg. On sait de quelle vertu rigoriste a fait preuve M. Lefebvre-Duruflé à propos de la Pépinière.

LE 14 JUILLET 1866 (1).

Saynète sénatoriale.

Présidence de M. le premier Président TROPLONG.

« *L'ordre du jour appelle la délibération sur le projet de Sénatus-Consulte portant modification de la Constitution, et notamment des articles* 40 *et* 41. »

MOTIFS DE L'OUVERTURE.

La prise de la Bastille. — Le rapport de M. Troplong (amendes de 500 à 10,000 fr. contre tout vœu exprimé par la parole ou par la presse, ouvertement ou par insinuation perfide, pour l'amélioration de la Constitution). — La conclusion du discours de M. de Boissy (que Dieu protége la France; que Dieu sauve l'Empereur, et que l'Empereur conserve le jardin du Luxembourg!).

L'OMBRE DE CAMILLE DESMOULINS

Se promenant autour de la pièce d'eau devant le palais.

En ce jour, tout un peuple, en abattant tes pierres,
Bastille aux canons doux près du moderne airain,
A cru, de tes débris épars sur le terrain,
Voir surgir la Loi, reine aux tranquilles paupières,
Tenant un livre : DROIT DU PEUPLE SOUVERAIN.
Eussent-ils, ces bourgeois, fiers de vertes cocardes,
Pu savoir que si vite au Dieu des hallebardes,
Succéderait Celui du sabre au fil brutal ;

(1) La pièce qui suit n'est pas sérieuse, mais je ne sais si l'on pouvait traiter sérieusement ce sénat, bien qu'il ait tiré quelque lustre de deux hommes, assez soumis d'ailleurs, MM. Mérimée et Sainte-Beuve.

Qu'au héros provoqué par les Gloires sinistres,
Ton dernier bloc tombé serait un piédestal,
Et que, honte et rougeur ! du séducteur fatal
Tes vainqueurs survivants deviendraient les ministres ?

CHŒUR DES STÉNOGRAPHES.

Aujourd'hui le Sénat siége et discute ; il est
Grave sous les chaleurs du quatorze Juillet.
Soixante et dix-sept ans roulés dans ta poussière,
Bastille, ont bien blanchi la liberté, sa mère.

UN HUISSIER PHILOSOPHE.

Il s'agit, paraît-il, d'orner d'un léger poids
La plume, la parole et tous les mauvais droits.
Messieurs les Sénateurs seront exacts : les membres
Que la goutte et la toux retiennent dans leurs chambres
Ont écrit ; — un zélé doit crever un brancard.

UN STÉNOGRAPHE.

La séance est ouverte à deux heures un quart.

UN SOLISTE MISANTHROPE, *dans le jardin.*

Sur le dernier chaînon la soudure est complète.
Qui donc disait aux rois : détestables flatteurs ?
Pauvres rois ! ils n'avaient alors ni sénateurs
Ni..... je tairai les noms par pudeur. Qu'on les plaigne.
On ne savait alors ce que c'est qu'un vrai règne
Démocratique, avec un peuple souverain
Dont un tout petit coup d'état soumit le rein

ORDRE DU JOUR ET RÉSUMÉ LIBRE.

Fait simple : Avons-nous droit à l'air en politique ?

De ces habits frappés d'un pli cataleptique
Aucun ne s'est levé que monsieur de Boissy,
L'homme juste et tenace... à côté de Sacy.
Du conseil héritier des gravités de Rome,
L'excentrique vieillard s'est montré le seul homme.

M. LE MARQUIS DE BOISSY *et interruptions variées.*

Messieurs les Sénateurs émanés du Pouvoir
Peuvent-ils discuter sans manquer au devoir ?
Me sera-t-il permis encor d'être sincère ?
Le silence m'est-il imposé comme à tous ?
— *Rumeurs. C'est incroyable. Aux voix! Expliquez-vous.*
Ce sénatus-consulte est-il bien nécessaire ?
— *Bruits.* — Le gouvernement personnel n'a-t-il pas
Ses dangers ? Nul meilleur s'il s'appelle Alexandre
Ou Minos, mais souvent on voit trembler les pas
De Salomon vieilli comme ceux de Cassandre.
Est-ce que, par hasard, à soixante-dix ans,
A quatre-vingts, un prince a les mêmes pensées
Et les mêmes désirs qu'à trente ? — *Bruits croissants*
Mêlés de rires. — Donc, conséquences forcées....
— *Cris.* — Le gouvernement personnel est-il bon ?
— *Aux voix ! Définissez. Une explication !*
Soit; ce gouvernement veut des hommes de cire
Sous un Prince-Soleil. L'astre, dieu triomphant,
Voit tout, éclaire tout et fond tout ; il défend
Aux Sullys, aux Eloys, de lui répliquer : Sire,

Telle chose ricane à l'envers ; réparons
Ce désordre ; chassons du marché les larrons.
Messieurs, dernièrement, je lisais dans les œuvres
De Napoléon... — *Bruit.* — De Napoléon trois...
— *Murmures variés.* — Je cite sans manœuvres ;
J'ai mon texte et la page. — *Aux voix, aux voix, aux voix!*
Tumulte. Aux voix ! Silence à l'orateur ! Décence !
— Messieurs, j'aime d'instinct et par reconnaissance
La liberté. — *Malaise au coin des maréchaux.*
— Messieurs, je serai court car les temps sont bien chauds.
Aux voix, grondent en chœur des fauteuils d'éloquence.

RÉSUMÉ LIBRE.

Laissons parler messieurs de la Rue et Rouland...
Ils ont dit. Qu'ont-ils dit ? Votez, *verba volant* (1).

CHŒUR

d'hommes d'état et de journalistes officieux.

Panglo s peut applaudir et l'affaire est bâclée.
Calomnier l'exil, faire mentir Dieu, soit.
Nous encouragerons à la rigueur ce droit,
Mais quant à l'acte saint sorti de la râclée
De Décembre et voté tiède encor du canon,
Y toucher en parole ! ah ! mille et cent fois non.
Sur quelques droits caducs frissonne l'agonie,
Bah ! la France est à nous et la Prusse au tambour.
Que nous reste-t-il donc à craindre ?

NOTE AIGUE DANS LE CONCERT.

L'ironie
De ce vœu : l'empereur sauve le Luxembourg !

(1) L'ensemble du sénatus — consulte est adopté au scrutin par 115 voix sur 115 votans.

28 Décembre 1875. — « Les hommes qui mettent toujours en avant le nom de M. le Maréchal de Mac-Mahon, sont-ils ou paraîtront-ils infailliblement plus tard de très-honnêtes gens ? Je ne connais personne qui ne professe le plus profond respect pour le maréchal Président de la République, mais ne voir dans la Constitution qu'un homme, substituer en quelque sorte, et d'une façon systématique, cet homme aux institutions, n'est-ce pas là une singulière disposition et une méthode singulière pour faire l'éducation politique d'un peuple qu'on a trop habitué déjà à compter plus sur des personnes que sur des lois ? Epargnons au maréchal l'injure des rapprochements que certaines déclarations mal calculées pourraient faire naître dans les esprits et laisser dans l'histoire. » — APPENDICE AU JOURNAL, page 83.

Ces lignes de Décembre 1875 ne semblent-elles pas mieux écrites encore pour Août 1877 ? Les hommes qui compromettent le nom du Président de la République pour certaines vues ont suivi leur train et la langue politique a été enrichie d'un mot nouveau depuis 1875 : Mac-Mahonien.

... *Décembre 1875.* — Les candidats au Sénat envoient leurs circulaires aux électeurs sénatoriaux, aux conseillers municipaux, etc.

1876.

Janvier 1876. — Distributions continuées de circulaires dans le courant du mois.

16 Janvier. — Les conseillers municipaux des villes et des villages nomment leurs délégués pour les élections sénatoriales du 30.

30 Janvier. — Les électeurs sénatoriaux se réunissent à Amiens, dans la grande salle du Palais-de-Justice.

Sénateurs élus :

MM. Dauphin ;
Vicomte de Rainneville ;
Vice-amiral de Dompierre-d'Hornoy.

21 Août 1876, Amiens. — En prenant possession du fauteuil de la présidence au conseil général, M. Dauphin a prononcé ces paroles :

« . . . .

« Le gouvernement, d'accord aujourd'hui avec le pays, a nettement adopté une politique républicaine et conservatrice. Le premier résultat de cette nouvelle attitude a été de produire un remarquable apaisement de l'esprit public et de nous permettre d'oublier d'inutiles controverses pour nous occuper des besoins des populations.

« La loi sur l'élection des maires, qui a été votée dans les deux Chambres, à une majorité considérable, augmentera la force et l'indépendance des communes. Mais il appartient aux Conseils généraux, chargés en partie de leur tutelle, de maintenir l'unité départementale et de préserver la France d'une décentralisation excessive.........»

1877.

29 Mai 1877. — M. Bertereau, secrétaire général de la préfecture de la Somme, puis préfet des Deux-Sèvres, puis de la Haute-Saône. a été révoqué par M. de Fourtou.

Nous avons trop rarement, pour notre désir, depuis quelques années, l'occasion d'adresser de bons compliments aux administrateurs, j'entends à ceux de la vraie ADMINISTRATION, que nous payons et que nomment les ministères. Des cas étranges nous permettent seuls de nous dédommager. Aujourd'hui trois départements, la Somme, les Deux-Sèvres, la Haute-Saône, ont le devoir de saluer respectueusement un homme qui les a servis avec un sourire honnête. La Somme particulièrement se souvient du secrétaire général exact, empressé à signer, à répondre, impartial en temps d'élections. M. Bertereau ne fait pas le geste d'un homme qui cherche une branche en tombant ; il vient d'écrire à M. de Fourtou :

Vesoul, le 24 Mai 1877.

« Monsieur le Ministre,

« C'est aujourd'hui 24 Mai que je reçois la lettre officielle, en date du 23 courant, par laquelle vous me faites l'honneur de m'informer « que des considérations dont le gouvernement avait à tenir compte, vous ont mis dans la nécessité de provoquer ma révocation de préfet de la Haute-Saône.

« Je vous remercie de cette marque d'estime.

« Vous saviez, en effet, que, nommé préfet des Deux-Sèvres par M. Ricard et préfet de la Haute-Saône par M. Jules Simon, j'étais fermement résolu à prêter mon concours au gouvernement de la République. Je ne pouvais, en conséquence, m'associer à la politique du nouveau cabinet dont vous faites partie.

« Agréez, Monsieur l'assurance de ma haute considération,

Édouard Bertereau,

Ancien préfet de la Haute-Saône et des Deux-Sèvres.

... *Juin 1877.* — Quelle est donc l'inconséquence des hommes qui s'estiment par excellence les défenseurs des traditions, les *conservateurs?* décentralisateurs, puis recentralisateurs, etc., etc. — Ce ne sont que des gens d'expédients, c'est-à-dire tout l'opposé de gens de fidélité. Leur fidélité c'est leur infatuation. Le principe mue chaque jour pour ces sauveurs. Il est bon quand il les appelle aux fonctions et les emploie, mauvais quand il les repousse. Ils ressemblent aux enfants qui brouillent les dominos quand le jeu tourne contre eux.

On a vu, par exemple, les théoriciens de la décentralisation qui emplissaient l'Assemblée nommée après la guerre, faire bon marché à quelques mois d'intervalle des libertés des communes. — « Que veulent, disions-nous au 18 Mars 1871, ces émeutiers de Montmartre, pourquoi cet Aventin ? Des libertés municipales ? Mais qu'ils considèrent donc cette Assemblée, qu'ils y comptent les vieux prêcheurs, les fanatiques des franchises locales. Pensent-ils que ces hommes, devenus députés, laisseront tomber leur parole dans l'eau ? » — Eh bien ! un an ou deux plus tard ces beaux Messieurs approuvaient M. de Broglie renommant tous les maires de France.

Aujourd'hui 1er Juillet 1877, on ne peut déjà plus compter les préfets, secrétaires généraux, conseillers de préfecture, sous-préfets, maires, conseillers municipaux, députés, journalistes, francs-maçons, etc.,

etc., que le ministère a destitués, fait voyager, atteints d'une manière ou d'une autre, privés de lieux de réunion ; et la chasse de salut social ne fait, dit-on, que commencer.

10 Juin 1877. — Aujourd'hui a eu lieu à Abbeville, dans la Halle aux toiles qui a réuni 1600 personnes et sous la présidence de M. Gambetta, une conférence au profit de la Bibliothèque populaire. Le discours principal a été prononcé par M. Goblet, maire d'Amiens, entre quelques paroles — du monstre (1). La politique, épiée soigneusement par l'administration sous-préfectorale, a été, adroitement et avec des égards, écartée de la réunion, mais on la devinait tout près, derrière la porte. Elle n'a pas paru ; on a vu son voile.

Ce soir, dans la salle décorée du théâtre, banquet offert, sous la présidence du député d'Abbeville, au député de la Seine. Dans cette nouvelle réunion, privée, quoique composée de trois cents convives, la politique, avait droit d'entrée. Elle est entrée, tenant en main les lettres de deux sénateurs de la Somme, MM. Gaulthier de Rumilly et Dauphin. M. Gaulthier de Rumilly ne pardonnait à précautions de santé que dans l'espoir d'être exact « au combat fixé pour le 16 » — une élection de sénateur inamo-

(1) Que serait-ce si vous aviez entendu le monstre lui-même? — *Paroles d'Eschine sur Démosthènes.*

vible, — et de pouvoir ainsi « assurer une voix solide au Sénat » ; M. Dauphin, en exprimant le regret de son éloignement forcé, devenait en réalité présent par ces mots : « ....Je crois comme vous que dans la crise que nous traversons, rien ne doit être négligé pour éclairer les électeurs sur la nature et les dangers du coup d'état parlementaire obtenu du Maréchal par les ennemis de la République.

« Je crois aussi que, malgré les dissidences d'opinions sur certains points, les trois Gauches de la Chambre des députés et du Sénat doivent affirmer énergiquement et surtout prouver par les faits leur étroite union contre le ministère et contre la coalition impuissante et téméraire qui trouble en ce moment le pays..... »

Le banquet n'a été qu'un épisode entre la lecture de ces lettres et le discours de M. Gambetta.

La sous-préfecture, voisine du théâtre, aura cette nuit un sommeil agité et rempli de rêves à catastrophes.

... *Juillet 1877*. J'éprouve le besoin de répéter encore aujourd'hu ce que j'écrivais le 28 Mai 1872 : « — Nous rencontrons quelquefois des gens avides de sujétion, d'obéissance, d'anéantissement individuel, titubant de frayeur, ivres de timidité. Ces gens ont le besoin maladif, tremblant, d'être protégés. Quelques-uns demandent un grand sabre. Ils visent particulièrement l'ordre politique ; d'autres ont le besoin tremblant aussi de ne pas penser par eux-mêmes, de ne se déterminer que par autrui, de recevoir un commandement étranger pour leur direction intellectuelle ; ils visent plutôt l'ordre moral et religieux. » — APPENDICE, page 44.

13 Août 1877. — Je lis : « Un instituteur public de Doullens écrit dans une lettre confidentielle, sur le 16 Mai, ce que beaucoup de gens en disent tout haut ou du moins en pensent. Le préfet a eu connaissance de cette lettre, et, comme l'instituteur s'en est reconnu l'auteur, il a été révoqué.

« C'est égal, il y aura toujours des gens qui auraient trouvé plus *moral* de révoquer le dénonciateur, s'il est, lui aussi, chargé d'enseigner la jeunesse. » — *Temps du 13 Août.*

20 Août 1877, Amiens. — Ouverture de la session du Conseil général. Les circonstances tout à fait insolites dans lesquelles le ministère a placé le gouvernement et nous place attireront certainement sur cette session l'attention publique.

Aussitôt après l'allocution de Président d'âge, M. Béthouart lit, en son nom et au nom de vingt-et-un de ses collègues, la déclaration suivante :

« MESSIEURS,

« Le Conseil général se réunit aujourd'hui dans des conditions anormales.

« Il ne lui appartient pas de rechercher ni d'apprécier les motifs pour lesquels le Gouvernement a refusé de faire procéder au renouvellement partiel à l'époque prescrite par la loi du 10 août 1871 et oblige des conseillers généraux élus pour six années, c'est-à-dire pour douze sessions ordinaires, à siéger une treizième fois dans une session qui s'ouvre de plein droit, et qu'il n'est permis de considérer, en quoi que ce soit, comme extraordinaire.

« Mais le Conseil général doit constater que cette situation n'est pas son fait, qu'il la subit dans l'intérêt des affaires départementales, et qu'il conserve, à défaut d'élection de nouveaux représentants, la plénitude de son mandat, de ses attributions et de ses devoirs.

« En conséquence, les soussignés vous proposent de prendre la délibération suivante :

« Le Conseil général de la Somme, regrettant qu'il n'ait pas été procédé suivant les prescriptions de la loi aux élections partielles, déclare ouvrir la première session ordinaire de l'année 1877-1788, et, pour rester autant qu'il est en son pouvoir dans la légalité, décide qu'il délibérera sur toutes les affaires départementales autres que le budget 1878 et qu'il nommera son bureau, ses commissions réglementaires, et la commission départementale, étant entendu que leurs pouvoirs prendront fin lorsque le renouvellement partiel aura été opéré.

Signé : « Magniez, Mollien, Jametel, Caron, Desprez, Vion, Dauphin, Peltot, P. Labitte, de Douville-Maillefeu, du Grosriez, Goblet, Frédéric Petit, Dhavernas, Fournier, Frichot, Béthouart, Dieu, Brulé, Gambier, Delattre, Prarond. »

Cette déclaration n'est pas votée sans échange de paroles, mais elle est adoptée enfin par vingt-six votants sur vingt-sept et contre douze abstentions.

Les conseillers qui ont tenu à faire précéder leurs travaux de cette protestation sont MM. Desprez, Caron, Gambier, Peltot, Rouge-Hallouin, Vion, Jametel, Dieu, Dauphin, Dhavernas, Prarond, Frichot, Brulé, Mollien, Delattre, Labitte, Lallouette, Fournier, de Douville, du Grosriez, Magniez, Descaure, Frédéric Petit, Goblet, Dhardivillers, Béthouart.

Conformément à la déclaration votée, les membres de l'ancien bureau ont été, non maintenus, mais successivement et régulièrement réélus, sans dispersion de voix, mais contre douze bulletins blancs.

M. Dauphin a pris place alors au fauteuil et a dit :

« . . . .

« Messieurs, le Conseil général ouvre sa session ordinaire au milieu d'une crise politique dont il ne faut ni diminuer ni exagérer la gravité.

« La France en attend la solution patiemment et avec confiance dans l'honneur du président de la République, dans la sagesse inébranlable des populations et dans le verdict souverain d'une majorité électorale patriotiquement attachée à la Constitution républicaine.

« Il nous appartient, en nous renfermant plus scrupuleusement encore que jamais dans nos attributions, de donner à tous l'exemple du respect de la légalité. Mais, en même temps, seuls représentants du pays investis à cette heure du droit de nous assembler, nous avons le sentiment profond de notre responsabilité et de nos devoirs. »

Le préfet, répondant à cette partie du discours du président du conseil, s'est associé à ses paroles : « Je n'ai, au nom du gouvernement, a-t-il dit, rien à en retrancher, rien à y ajouter ; je n'ai qu'à y applaudir. Comme lui je suis assuré que le gouvernement trouvera, en ceux qui sont en haut de l'échelle et en ceux qui représentent le département de la Somme, les défenseurs énergiques de la légalité et de la Constitution (1). »

Les raffinements de la subtilité actuelle et des interprétations sont tels que des paroles semblables peuvent servir de texte commun à des opinions très-diverses, entre autres ces mots : Constitution, avec ou sans épithète. Il est probable que le préfet et la majorité du conseil ont accordé aux paroles du président une portée qui n'est pas identiquement la même.

21 Août 1877. — Puisqu'il a plu au gouvernemént de prolonger d'une session le sexennat de la moitié des membres du conseil, la majorité qui date de trois ans s'affirmera très-vivante encore par d'utiles propositions. Aujourd'hui plusieurs vœux ont été déposés sur le bureau. Entre autres, un, concernant la restitution désirable aux conseils généraux du droit de nommer quatre des membres du conseil départemental de l'instruction publique (2) ; un autre tendant à faire transporter des préfets aux inspecteurs d'académie la nomination des instituteurs communaux (3).

(1) Le préfet, usant du droit, que les conseillers ont eux-mêmes, de retoucher leurs paroles sur la sténographie, a modifié quelque peu dans le compte rendu officiel le texte de sa réponse, mais ces paroles sont celles que j'ai retenues et que je retrouve dans un journal du lendemain.

(2) Adopté dans la Séance du 29.

(3) Adopté avec quelques modifications dans la Séance du 29, par 18 voix contre 11. — Le droit de nomination ne serait pas transféré aux inspecteurs d'académie mais aux recteurs

Après la lecture de ces vœux, le conseil général, désirant, dans les circonstances actuelles, ne pas précipiter la clôture de la session, s'ajourne à lundi 27.

27 *Août.* — Ce vœu a été déposé sur le bureau du Conseil général :

« Les soussignés ont l'honneur de proposer au Conseil général l'adoption du vœu suivant :

« Le Conseil, considérant qu'il importe d'assurer la régularité des prochaines opérations électorales et de renseigner les électeurs sur l'étendue de leurs droits et de leurs devoirs ;

« Emet le vœu que la publicité la plus sérieuse et la plus complète soit donnée dans toutes les communes aux lois et décrets relatifs aux opérations électorales, et notamment au décret du 2 février 1852, aux lois des 30 novembre 1875, articles 3 et 22, à la loi du 2 août 1875, article 19. »

Signé : « Brulé, Labitte, de Douville-Maillefeu, René Goblet, Frédéric Petit, Fournier, A du Grosriez, Mollien, comte d'Estourmel, Frichot, Prarond, Magniez, E. Dieu, Dhavernas, Gambier, Caron. »

Déclaration du préfet qui s'oppose à la prise en considération de ce vœu auquel il trouve un caractère politique; demande de la question préalable par un membre du conseil. Après échange d'observations un scrutin public écarte la question préalable par 18 voix contre 11. Le vœu sera donc discuté (1).

30 *Août*. — Le Conseil général vient de clore sa session dans les sentiments où il l'a ouverte et par un acte aussi clair que la déclaration du 20. La commission permanente qui doit jusqu'aux élections et même au-delà, suivant la lettre stricte de la loi, continuer l'action du Conseil auprès de l'autorité préfectorale pendant l'année 1877-1878, a été composée, par un vote de 22 ou 23 voix contre 10 ou 11 bulletins blancs, de tous les conseillers qui sont anciens députés, c'est-à-dire des 363, MM. de Douville, Jametel, Mollien, Magniez, Labitte ; puis de M. Goblet, maire destitué d'Amiens, candidat désigné à la députation, (M. Barni, malade, renonçant,) et de M. Dhavernas, qui a fait le retrait d'une candidature pour ne pas diviser les voix d'un arrondissement.

(1) Ce vœu a été adopté dans la séance du 29, et un crédit de 500 fr. a été mis à la disposition du Préfet pour l'exécution des mesures désirées. Le Conseil n'a pu émettre qu'un vœu dont le Préfet tiendra le compte qu'il jugera convenable.

14026 — AMIENS. — IMP. T. JEUNET

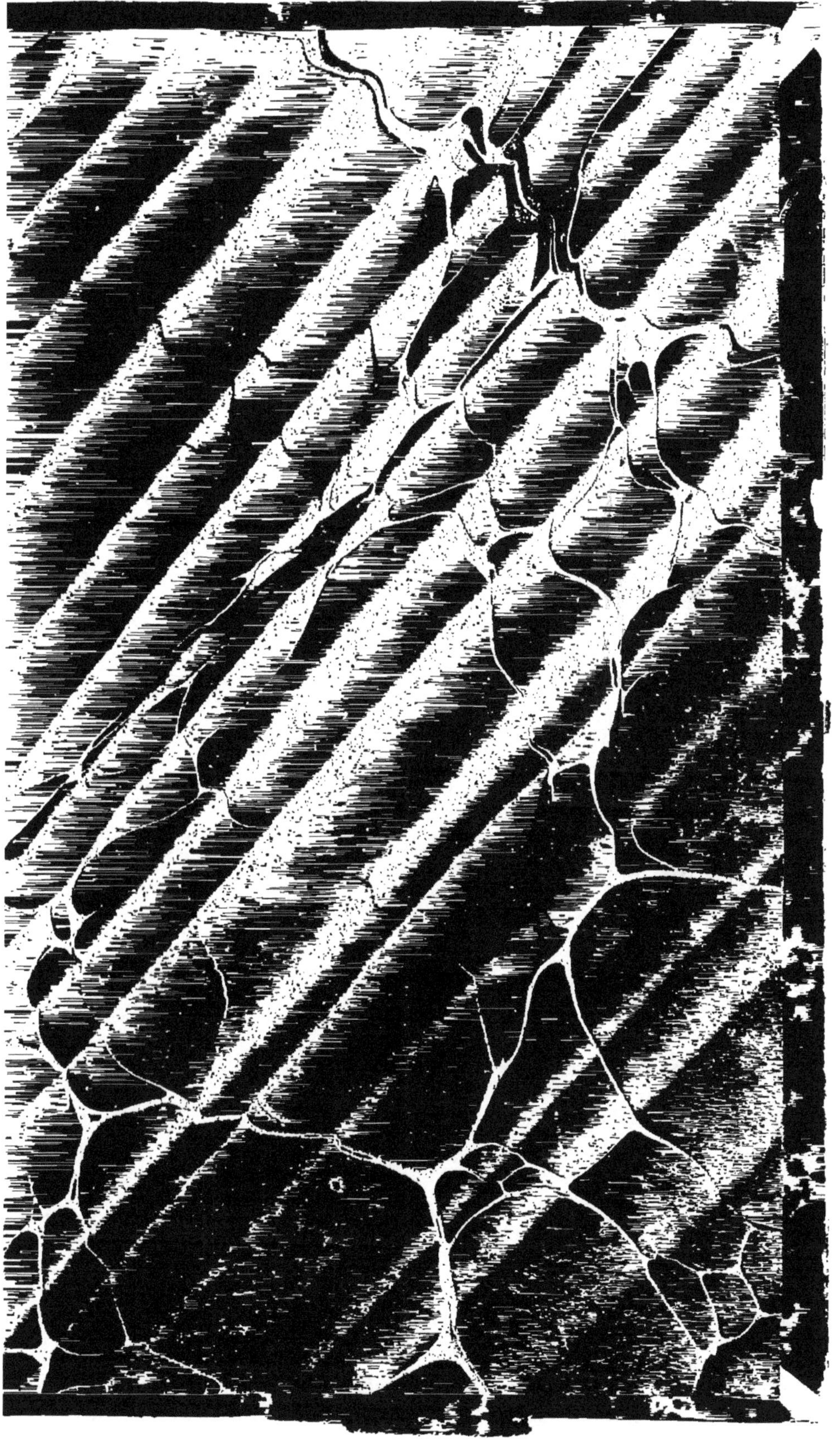

BIBLIOTHEQUE NATIONALE DE FRANCE
3 7502 04465977 1

www.ingramcontent.com/pod-product-compliance
Ingram Content Group UK Ltd.
Pitfield, Milton Keynes, MK11 3LW, UK
UKHW021051200726
13857UKWH00003B/893

9 782011 772336